すぐに使える
# 接客日本語会話
## 大特訓 中国語版
### 決まり文句700

马上就能使用
接待服务日语会话特级训练
中文版 惯用700句

水谷信子 監修・著
Mizutani Nobuko

有田聡子／高橋尚子／寺田則子 共著
Arita Satoko　Takahashi Naoko　Terada Noriko

Jリサーチ出版

# はじめに
## 前言

　国際化の進んだ現在の日本では、多くの場面で外国から来た人々が活躍しているのを見ることができます。これまでは外国から来た人々が働くのは、工場などの生産の場やオフィスなどビジネスの場が主な場面だと思われていましたが、最近では次第にあらゆる産業・職種にわたって海外からの人の働く姿を見るようになりました。

　教育やレジャー、語学やスポーツ、趣味などを含めた広い意味でのサービス産業でも、今や多くの海外出身の人たちが大いに活躍しています。ただ、海外出身の人が日本人と同じ立場で仕事をするには、いうまでもなく、高度の日本語力がなくてはなりません。とくにサービス産業で働くとなれば、いっそうの会話力、コミュニケーション力が必要になります。こうした皆さんのために役に立つものをというわたしたちの願いが実を結んだのがこの小さな冊子です。

　小さい冊子の限られた紙面ですが、考えられる限りのさまざまな接客場面を具体的に取り上げ、実際の会話を再現し、とくに役に立つ表現を集めて紹介するようにしました。これらの表現を身に付けて職場で活用してくだされば、必ずや客の満足を得ることができます。皆さんが日本のサービス産業の職場で生き生きと働く姿を想像して、わたしたちは心ときめく思いでこの冊子をお届けします。ご成功を信じています。

水谷信子

在当今国际化社会的日本，很多场面都能看到外国人士的身影。至今为止，人们看到的外国人士主要是在工厂里进行生产作业或在办公室里从事经商的场面比较多。可是，最近在各种各样的产业、职业中都能看到来自海外的人士工作的身影了。

如今很多外国人士活跃在包括教育、旅游、外语教学、体育、兴趣爱好等广范围的服务行业。可是，外国人要想跟日本人同样工作的话，不言而喻，必需得具有高度的日语能力。特别是在服务行业工作，有必要掌握更高的会话及交流的语言能力。为此，我们编写了这部小册子，希望能对各位有所帮助。

虽然小册子的版面有限，我们具体地列举出能想到的各种接待服务场面，再现会话情景，收集有实用的各种表现并加以说明。掌握了这些，并在实践中运用，一定会赢得客人的满意。想象着各位在服务行业愉快充实的工作身影，我们把所有的期待和祝福都倾注于这个小册子里，相信您一定能成功。

水谷信子

# 目次
## 目录

本書の使い方・・・・・・・・・・・・・ 8
本书的使用方法

**序 章 日本的接客サービスの心がまえ**・・・・・・・・・・ 10
日本式服务的待客之道

**第1章 敬語の基本パターンと接客の基本表現**・・・・ 15
敬语的基本类型及基本表现

**Unit 1** 敬語① ・・・・・・・・・・・・・ 16
敬語①「お＋V-ます＋ください」
「ご＋V-する＋ください」型

**Unit 2** 敬語② ・・・・・・・・・・・・・ 18
敬語②「お＋Vます＋になる」
「ご＋Vする＋になる」型

**Unit 3** 敬語③ ・・・・・・・・・・・・・ 20
敬語③ 特殊说法

**Unit 4** 敬語④ ・・・・・・・・・・・・・ 22
敬語④「れる・られる」型和「なさる・される」型

**Unit 5** 敬語⑤ ・・・・・・・・・・・・・ 24
敬語⑤ 自谦语

**Unit 6** 敬語⑥ ・・・・・・・・・・・・・ 26
敬語⑥ 客气的说法

**Unit 7** 客を迎える・客を見送る・・ 28
迎客、送客

**Unit 8** 営業時間 ・・・・・・・・・・・ 30
营业时间

**Unit 9** トイレの案内 ・・・・・・・・ 32
卫生间的说明

**Unit 10** よく聞き取れない・わからない・ 34
没听清楚、不清楚

**Unit 11** よく使うひとこと表現① ・・ 36
常用的惯用句①

**Unit 12** よく使うひとこと表現② ・・ 38
常用的惯用句②

**Unit 13** 会計① ・・・・・・・・・・・・・ 40
結帳① 用卡儿结帐

**Unit 14** 会計② ・・・・・・・・・・・・・ 42
結帳② 现金结帐

**Unit 15** 会計③ ・・・・・・・・・・・・・ 44
結帳③ 其他

**Unit 16** 謝る ・・・・・・・・・・・・・・・ 46
道歉

**第2章 飲食店**・・・・・・・・・・・・・ 49
饮食店

**Unit 1** 飲食店の基本① ・・・・・・・ 50
饮食店的基本用语① 回应顾客的预约电话

**Unit 2** 飲食店の基本② ・・・・・・・ 52
饮食店的基本用语② 接待来店客人(1)

**Unit 3** 飲食店の基本③ ・・・・・・・ 54
饮食店的基本用语③ 接待来店客人(2)

**Unit 4** 飲食店の基本④ ・・・・・・・ 56
饮食店的基本用语④ 没座位时的服务用语

**Unit 5** 飲食店の基本⑤ ・・・・・・・ 58
饮食店的基本用语⑤ 点菜(1)

| Unit 6 | 飲食店の基本⑥ ･･････････ 60 |
|---|---|
| | 饮食店的基本用语⑥ 点菜(2) |

| Unit 7 | 飲食店の基本⑦ ･･････････ 62 |
|---|---|
| | 饮食店的基本用语⑦ 点菜(3) |

| Unit 8 | 飲食店の基本⑧ ･･････････ 64 |
|---|---|
| | 饮食店的基本用语⑧ 上菜 |

| Unit 9 | 飲食店の基本⑨ ･･････････ 66 |
|---|---|
| | 饮食店的基本用语⑨ 细节服务 |

| Unit 10 | 飲食店の基本⑩ ･･････････ 68 |
|---|---|
| | 饮食店的基本用语⑩ 请客人稍等 |

| Unit 11 | 飲食店の基本⑪ ･･････････ 70 |
|---|---|
| | 饮食店的基本用语⑪ 更改点菜内容 |

| Unit 12 | 飲食店の基本⑫ ･･････････ 72 |
|---|---|
| | 饮食店的基本用语⑫ 应对客人的不满(1) |

| Unit 13 | 飲食店の基本⑬ ･･････････ 74 |
|---|---|
| | 饮食店的基本用语⑬ 应对客人的不满(2) |

| Unit 14 | 飲食店の基本⑭ ･･････････ 76 |
|---|---|
| | 饮食店的基本用语⑭ 其他 |

| Unit 15 | ファーストフード店① ････ 78 |
|---|---|
| | 快餐店① 汉堡之类的店(1) |

| Unit 16 | ファーストフード店② ････ 80 |
|---|---|
| | 快餐店② 汉堡之类的店(2) |

| Unit 17 | ファーストフード店③ ････ 82 |
|---|---|
| | 快餐店③ 乌冬面店、荞麦面店、牛肉饭 |

| Unit 18 | 居酒屋① ･････････････ 84 |
|---|---|
| | 喝酒店① 点酒(1) |

| Unit 19 | 居酒屋② ･････････････ 86 |
|---|---|
| | 喝酒店② 点酒(2) |

| Unit 20 | 居酒屋③ ･････････････ 88 |
|---|---|
| | 喝酒店③ 点菜与说明(1) |

| Unit 21 | 居酒屋④ ･････････････ 90 |
|---|---|
| | 喝酒店④ 点菜与说明(2) |

| Unit 22 | 居酒屋⑤ ･････････････ 92 |
|---|---|
| | 喝酒店⑤ 其他 |

| Unit 23 | パブ ････････････････ 94 |
|---|---|
| | 酒吧 点饮料 |

単語＆ミニフレーズ･･････････ 96
单词＆惯用句

## 第3章 販売店
### 销售店

| Unit 1 | 販売店の基本① ･･･････ 100 |
|---|---|
| | 贩卖店基本用语① 卖场常用的惯用句 |

| Unit 2 | 販売店の基本② ･･･････ 102 |
|---|---|
| | 贩卖店基本用语② 商品、服务 |

| Unit 3 | 販売店の基本③ ･･･････ 104 |
|---|---|
| | 贩卖店基本用语③ 库存情况 |

| Unit 4 | 販売店の基本④ ･･･････ 106 |
|---|---|
| | 贩卖店基本用语④ 商品包装 |

| Unit 5 | 販売店の基本⑤ ･･･････ 108 |
|---|---|
| | 贩卖店基本用语⑤ 商品的邮寄 |

| Unit 6 | 販売店の基本⑥ ･･･････ 110 |
|---|---|
| | 贩卖店基本用语⑥ 其他、收款处的服务 |

| Unit 7 | 販売店の基本⑦ ･･･････ 112 |
|---|---|
| | 贩卖店基本用语⑦ 退货及讲价的对应 |

| Unit 8 | アパレル① ･･････････ 114 |
|---|---|
| | 服装① 商品的推荐 |

| Unit 9 | アパレル② ･･････････ 116 |
|---|---|
| | 服装② 料子 |

| Unit 10 | アパレル③ ･･････････ 118 |
|---|---|
| | 服装③ 试穿 |

| Unit 11 | アパレル④ ............ 120 |
|---|---|
| | 服装④ 颜色、式样 |
| Unit 12 | アパレル⑤ ............ 122 |
| | 服装⑤ 鞋 |
| Unit 13 | アパレル⑥ ............ 124 |
| | 服装⑥ 包 |
| Unit 14 | 雑貨店 ................ 126 |
| | 杂货店 |
| Unit 15 | ドラッグストア① ....... 128 |
| | 药店① 症状 |
| Unit 16 | ドラッグストア② ....... 130 |
| | 药店② 药物咨询 |
| Unit 17 | ドラッグストア③ ....... 132 |
| | 药店③ 药品说明 |
| Unit 18 | ドラッグストア④ ....... 134 |
| | 药店④ 其他 |
| Unit 19 | 化粧品店 .............. 136 |
| | 化妆品店 |
| Unit 20 | スーパー① ............ 138 |
| | 超市① |
| Unit 21 | スーパー② ............ 140 |
| | 超市② |
| Unit 22 | スーパー③ ............ 142 |
| | 超市③ |
| Unit 23 | 家電量販店① .......... 144 |
| | 家电贩卖店① |
| Unit 24 | 家電量販店② .......... 146 |
| | 家电贩卖店② |

単語＆ミニフレーズ ......... 148
単词＆惯用句

## 第4章 コンビニ .......... 151
便利店

| Unit 1 | コンビニ① ............ 152 |
|---|---|
| | 便利店① 结帐⑴ |
| Unit 2 | コンビニ② ............ 154 |
| | 便利店② 结帐⑵ |
| Unit 3 | コンビニ③ ............ 156 |
| | 便利店③ 结帐⑶ |
| Unit 4 | コンビニ④ ............ 158 |
| | 便利店④ 吃的、喝的 |
| Unit 5 | コンビニ⑤ ............ 160 |
| | 便利店⑤ 快递、复印 |

単語＆ミニフレーズ ......... 162
単词＆惯用句

## 第5章 宿泊施設 .......... 163
住宿设施

| Unit 1 | 宿泊施設① ............ 164 |
|---|---|
| | 住宿① 预约电话的受理⑴ |
| Unit 2 | 宿泊施設② ............ 166 |
| | 住宿② 预约电话的受理⑵ |
| Unit 3 | 宿泊施設③ ............ 168 |
| | 住宿③ 入住 |
| Unit 4 | 宿泊施設④ ............ 170 |
| | 住宿④ 从顾客房间打来的电话 |
| Unit 5 | 宿泊施設⑤ ............ 172 |
| | 住宿⑤ 来自客人房间的请求 |
| Unit 6 | 宿泊施設⑥ ............ 174 |
| | 住宿⑥ 其他 |

単語＆ミニフレーズ ......... 176
単词＆惯用句

# 第6章 その他のさまざまなサービス ……… 177
### 其他各种各样的服务

- **Unit 1** カラオケ店① …………… 178
  卡拉 OK 店① 前台登记
- **Unit 2** カラオケ店② …………… 180
  卡拉 OK 店② 说明如何利用
- **Unit 3** レンタルビデオ店① …… 182
  录像出租店① 卖场的应对、办卡儿说明
- **Unit 4** レンタルビデオ店② …… 184
  录像出租店② 确认使用内容及结帐
- **Unit 5** 講座① ………………… 186
  讲座① 语言讲座
- **Unit 6** 講座② ………………… 188
  讲座② 各种讲座(1)
- **Unit 7** 講座③ ………………… 190
  讲座③ 各种讲座(2)
- 単語＆ミニフレーズ ………… 192
  单词＆惯用句

# 第7章 電話基本会話 …… 193
### 电话的基本应对

- **Unit 1** 電話応対① …………… 194
  电话对应① 餐厅的预订受理
- **Unit 2** 電話応対② …………… 196
  电话对应② 饭店的预订受理
- **Unit 3** 電話応対③ …………… 198
  电话对应③ 对方不在的场合
- **Unit 4** 電話応対④ …………… 200
  电话对应④ 转达留言
- **Unit 5** 電話応対⑤ …………… 202
  电话对应⑤ 其他
- 単語＆ミニフレーズ ………… 204
  单词＆惯用句

# 第8章 緊急・トラブル …… 205
### 紧急、纠纷

- **Unit 1** 急病人① …………… 206
  突发病人① 打招呼
- **Unit 2** 急病人② …………… 208
  突发病人② 确认
- **Unit 3** 地震 ………………… 210
  地震 地震发生时的基本应对
- **Unit 4** 火災 ………………… 212
  火灾 有关火灾的基本应对
- **Unit 5** 避難 ………………… 214
  避难 安全避难
- **Unit 6** 落とし物・忘れ物 …… 216
  丢失品、遗失品
- 単語＆ミニフレーズ ………… 218
  单词＆惯用句

丁寧表現早見表 ………… 220
敬语速览表

# 本書の使い方
## 本书的使用方法

　本書ではまず、第1章「敬語の基本パターンと接客の基本表現」で接客日本語会話の基礎固めをします。その後の第2章から第8章までは、業種や職業などをもとに実際的な接客場面を再現しながら、フレーズの練習をしていきます。

　本书首先在第1章「敬语的基本类型与待客的基本表达方式」中强化日语服务业的会话基础。在之后的第2章到第8章中，实际再现业种与职业中接待顾客的场面，进行会话练习。

① **中国語表現／汉语的表达方式**

　右ページの日本語フレーズの中国語訳です。なるべく自然な中国語表現にしています。

　右页是日语句子的汉语译文。尽量采用自然的汉语表达方式。

② **日本語表現のヒント／日语表达方式的启示部分**

　フレーズの中でポイントになる語を取り上げ、「中国語→日本語」の形で示しています。

　列举句子中的关键用语，用「汉语→日语」的形式表示。

③ **頭出しのヒント／开头的启示部分**

　日本語フレーズの頭の部分を示しています。くり返し練習をする中で、だんだん見ないで言えるようにしましょう。

　日语句子的开头部分。在重复练习中，尽量不要看着说。

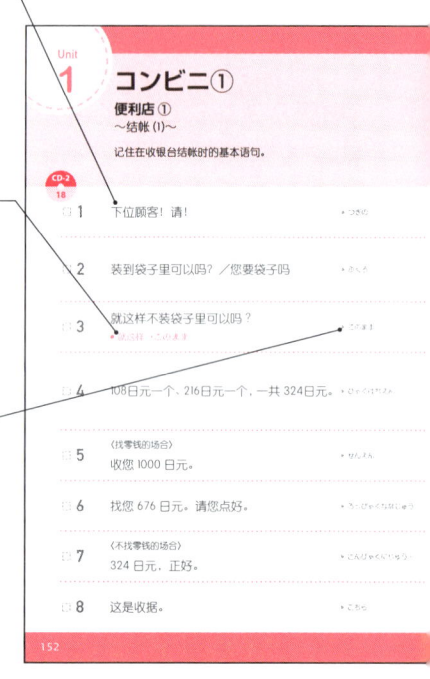

## 付属の CD ／附属 CD

CD

音声は「中国語→日本語」の順で流れます。中国語の後、少しポーズがありますので、自分で日本語で言ってみましょう。それから、日本語の音声で確認します。

放音部分按照「汉语→日语」的顺序进行播放。汉语说完之后，会有暂停，大家可以试着用日语说。然后，再确认日语的部分。

| 中国語<br>汉语 | ⇒ | ポーズ<br>暂停 | ⇒ | 日本語<br>日语 |
|---|---|---|---|---|
| 言いたいことをイメージする<br>〈やや速め〉<br>想象自己想说的事情<br>〈加快速度〉 | | この間に言う<br>然后试着说 | | 確認する<br>〈落ち着いた、丁寧な話し方〉<br>确认<br>〈慢慢地、礼貌的说话方式〉 |

★音声ダウンロードの案内は、本の一番後ろの部分にあります。
★声音下载指南在本书的最后部分。

第4章　コンビニ

给客人找钱的递法

接待服务注意要点

在收款处给客人找钱时，一只手递给客人的话，给人的印象很失礼。要一只手拿着钱，另一只手托在下面递给客人。

次のお客様（お次の方）、どうぞ。
*Tsugi no o-kyaku-sama (O-tsugi no kata), dōzo.*

袋にお入れしてよろしいですか。／袋はご利用でしょうか。
*Fukuro ni o-ireshite yoroshidesu ka? / Fukuro wa go-riyodeshō ka?*

このままでよろしいですか。
*Konomama de yoroshidesu ka?*
＊このまま：就这样

108円が1点、216円が1点、合計2点で324円頂戴いたします。
*Hyaku hachi-en ga itten, nihyaku jūroku-en ga itten, gōkei ni-ten de sanbyaku nijūyo-en chōdai itashimasu.*
＊頂戴する：给我

〈おつりがある場合〉1000円お預かりいたします。
*〈Otsuri ga aru bai〉 Sen-en o-azukari itashimasu.*

676円のお返しです。お確かめください。
*Roppyaku nanajū-roku-en no o-kaeshi desu. O-tashikame kudasai.*

〈おつりがない場合〉324円ちょうどいただきます。
*〈Otsuri ga nai bai〉 Sanbyaku nijūyo-en chōdo itadakimasu.*

こちら、レシートでございます。
*Kochira, reshito de gozaimasu.*

第四章　便利店

153

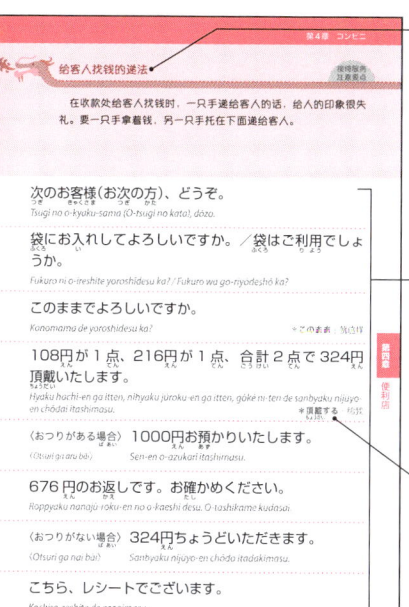

### ④ 接客ワンポイントアドバイス ／接待顾客的要点建议

場面や日本語フレーズに関連する接客サービスのポイントを紹介します。

介绍关于接待顾客服务的场合与日语句子的关键点。

### ⑤ 日本語フレーズ／日语句子

場面や機能などで分類された 92 のユニットで紹介します。全部で約 700 フレーズあります。

介绍通过场面与功能分类的 92 个单元。全部有大约 700 个句子。

### ⑥ 日本語キーワード／日语关键词

やや難しいものや注意を要するものを取り上げ、個別に対訳を付けています。

列举出难点与需要注意的句子，个别附有译文。

# 序章 日本式接客サービスの心がまえ
## 日本式服务的待客之道

　日本で接客の仕事をするには、言うまでもなく、お客様に接することについて日本人がどう考えているか、どう感じているかをよく知っておくことが大切です。「おもてなし」ということばに表れている日本人の考え方と、そこから生まれる言葉遣いや態度などについて、よく理解しておくことが接客の仕事の成功に通じます。

## 1. おもてなしの心

　お客様と店員の関係は通常、お金を払ってサービスを受ける「顧客」とサービスを提供する「接客業者」という、いわばビジネスの関係だということができます。しかしお客様に対する日本人の気持ちには、お客を単なるビジネスの相手とみなすのでなく、家庭を訪問してくれたお客様を迎えるようにすべきだという考えがあります。「訪問者を大切にする」という「おもてなし」は、そこから来ています。わざわざ訪問してくれたお客様に対しては、ただビジネスとしてのサービスを提供するのでなく、できるだけ快適に過ごしてもらえるよう努力すべきだという考えの表れです。

## 2. お客様に対する言葉遣い

　お客様に対する店員の言葉遣いは、丁寧でなければなりません。お客様に対する特に丁寧な言葉遣いを身につけるのは、店員にとって大変面倒なことですが、非常に大切なことです。詳しくは本の中で紹介しますが、一例として次のような特別の言葉遣いができるようになるのが、接客の仕事の第一歩だということができます。

## ❶ 文の形

　文の形も特別なものを使います。ふつうの話では、文の終わりには「です」や「ます」を使い、たとえば

　　「店内は禁煙です」
　　「当店は10時に閉店します」

のような言い方をしますが、これでは特別に相手を大切にする気持ちが表れませんので、お客様に対してはもっと丁寧な表現を使い、

　　「店内は禁煙でございます」
　　「当店は10時に閉店いたします」

のように改まった言い方をします。

## ❷ 相手に関すること

　相手はお客様ですから、人数について言うときは

　　「何人」でなく「何名様」
　　「ひとり」でなく「おひとり様」

のように言います。また、お客様に関する言葉として

　　「子ども」でなく「お子様」
　　「連れ」でなく「お連れ様」

のように、「様」を付けて敬意を表す表現を使います。
　また、お客様の持ち物などについても

　　「お荷物」「おかばん」

のように「お」を付けたり、お客様の気持ちについても

　　「ご希望」「ご満足」

のように「ご」を付けるなど、丁寧な言葉遣いが必要です。
　詳しいことは各場面の例文で勉強してもらいますが、こうした特別な言葉遣いは、決してお客様を「よそもの」として遠ざけるものではなく、お客様を大切にする態度の表れですから、心をこめて使うようにしてください。

## 3. お客様に対する態度

　お客様に対しては、買い物や食事などの時間を気持ちよく過ごしてもらえるよう、店員は最大の努力をしなければなりません。態度として特に気をつける点は、次のようなことです。

　「なるべく気に入った品物や料理を選んでいただく」
　「最上の品物や料理に満足感を持っていただく」
　「できるだけ待たせたり、我慢させたりしない」
　「待つ、などの不便をお願いするときは丁寧にお願いする」

のようなことです。どの場合も皆さんが、自分がお客の立場に立ったらどう感じるかということを常に考えるようにすれば、こうした心遣いはおおげさでなく、当然のことと感じられるでしょう。

## 4. 感じのよい接し方

　接客の職場で働く皆さんが、感じのよい態度でお客様を迎えることができるように、また、お客様によい店員だと思ってもらえるように、という願いから、以下の練習や説明を用意しました。これを生かして、「おもてなしの心」のある感じのよい接し方を身につけるようにしてください。その結果、「お客様」が喜んでくれれば、皆さんの働く職場が明るくなるでしょう。

在日本从事服务型行业的工作，首先必须了解日本人怎样对待顾客，对服务行业的工作有着怎样的看法。当大家理解了"招待顾客"这一个词语里所包含的日本人的思维方式、以及其所衍生的服务用语和态度等，就等于自己的服务事业取得成功。

# 1. 待客之道

客人与店员的关系可以说通常都是"顾客"支付现金、接受服务，"服务生"提供服务的一种商业关系。但是，日本人对待顾客的心情却不是单单地把顾客当作要服务的商业对象来认识，而是把顾客当作拜访自己家的客人一样来迎接和对待。这样的"待客之道"让日本人非常"重视拜访者"。对于特地过来拜访的顾客，日本人不仅提供单纯的商业服务，而他们内心深处认为他们应该努力做到让顾客渡过更加美好的时光。

# 2. 待客用语

招待顾客的店员的服务用语必须非常礼貌。掌握待客之道的礼貌用语对于店员来说，虽然比较麻烦，但是很重要。具体待客用语本书中有详细说明，以下介绍的其中一例，能够熟练运用特别的语言，可以说是踏入服务型行业的第一步。

## ❶ 句子的形式

句子的形式比较特别。在普通的对话中，一般结句用「です」或「ます」。

例如： 「店内は禁煙です（店内禁止吸烟）」
　　　　「当店は10時に閉店します（本店10点闭店）」

像这样的用法，不能特别表示对珍惜对方的心情，所以对顾客应用更礼貌的表达方式： 「店内は禁煙でございます（店内请不要吸烟）」
　　　　「当店は10時に閉店いたします（各位顾客，本店将在10点关店）」

## ❷ 关于称呼对方的用语

因为对方是顾客，所以关于人数的说法如下所示：

不是「何人（几人）」，而是「何名様（几位）」
不是「ひとり（一人）」，而是「おひとり様（您一位）」

另外，关于顾客类型的说法如下所示：

　　不是「子ども（孩子）」，而是「お子様（您的孩子）」
　　不是「連れ（同伴）」，而是「お連れ様（您的同伴）」

用「様」来表示对顾客的敬意。

　　还有，对于顾客的携带物品，也有以下的说法：

　　　例如：像「お荷物（您的行李）」、「おかばん（您的包）」

一样有「お」，对于顾客的心情，也会用

　　　「ご希望（您希望）」、「ご満足（您满足）」

这样带有「ご」的礼貌用语。

　　具体说法大家可以在书中各种场合的例句中学习到。像这样特别的用语，绝不是认为顾客是"外人"而敬而远之的人，而是珍惜重视顾客态度的体现，所以，大家应该用心去学习与使用。

## 3. 对待顾客的态度

　　店员应该尽自己最大的努力，让顾客渡过购物或就餐时的美好时光。所以，在态度上应该要特别注意以下几点。

　　　「尽量让顾客挑选到满意的商品和料理」
　　　「让顾客拥有挑选到最好商品、品尝到最美味料理的满足感」
　　　「尽量不要让顾客等待、忍耐」
　　　「若顾客必须等待，则需要非常有礼貌地表示给顾客带来不便的心情」

不管是哪种场合，如果大家都有"若我自己站在顾客的立场，会有怎样的感受呢？"这样的思想觉悟，那也就会认为这样的服务态度是毋庸置疑的。

## 4. 让人感觉舒服的待客之道

　　为了让在服务行业工作的各位都能够用让人感觉舒服的态度迎接顾客，让顾客认为这是对顾客服务好的店员，本书准备了以下的练习和说明。大家可以学习、掌握让人感觉舒服的"待客之道"。让"顾客"高兴满意，大家工作的职场才会更加充满希望吧！

# 第1章

## 敬語の基本パターンと接客の基本表現

敬语的基本类型及基本表现

敬語①〜⑥／客を迎える・客を見送る／営業時間／
トイレの案内／よく聞き取れない・わからない／
よく使うひとこと表現①〜②／会計①〜③／謝る

敬语／迎客、送客／营业时间／
卫生间的说明／没听清楚、不清楚／
常用的惯用句①〜②／结帐①〜③／道歉

# Unit 1

## 敬語①
### 敬语①
～「お＋V-ます＋ください」「ご＋V-する＋ください」型～

是敬语的一种，表现在对方的动作行为上。

**CD-1 2**

| | | |
|---|---|---|
| □ 1 | 请您稍等。 | ▶ しょうしょう |
| □ 2 | 请您拿上这个号码牌。 | ▶ こちらの |
| □ 3 | 请您坐这儿。 | ▶ こちらに |
| □ 4 | 请从中选一个。 | ▶ このなか |
| □ 5 | 请您一定利用这个机会。 | ▶ ぜひ |
| □ 6 | 请您确认一下有没有什么失误。 | ▶ まちがい |
| □ 7 | 库存的货卖完后，我们就不再进货了，请您能谅解。 | ▶ ざいこ |
| □ 8 | 如果要更换或取消的话，请您早点儿跟我们联系。 | ▶ へんこう |

## 「お～ください」「ご～ください」

「お～ください」和「ご～ください」是接待服务时常用的敬语形式。「～する」型的动词，敬语用「ご～ください」，其他动词则用「お～ください」，比较容易记住。

少々お待ちください。
Shōshō o-machi kudasai.

こちらの番号札をお持ちください。
Kochira no bangōfuda o o-machi kudasai.

こちらにおかけください。
Kochira ni o-kake kudasai.

この中から一つお選びください。
Kono naka kara hitotsu o-erabi kudasai.

ぜひ、この機会をご利用ください。
Zehi, kono kikai o go-riyō kudasai.

間違いがないか、ご確認ください。
Machigai ga naika, go-kakunin kudasai.

在庫がなくなり次第、販売終了となります。ご了承ください。
Zaiko ga nakunari shidai, hanbai shūryō to narimasu. Go-ryōshō kudasai.

＊なくなり次第：「Ｖます＋次第」の形

変更やキャンセルの場合は、早めにご連絡ください。
Henkō ya kyanseru no bāi wa, hayameni go-renraku kudasai.

# Unit 2

## 敬語②
### 敬语 ②
～「お＋V-ます＋になる」「ご＋V-する＋になる」型～

是敬语的一种，表现在对方的意志及行为上。

1. 您要等候吗? ▶ おまち…

2. 您要取消吗? ▶ おやめ…

3. 您要用现金结帐吗? ▶ げんきん

4. 您要试试别的尺寸的吗? ▶ べつの
   ● 别的→別の

5. 您要使用商品袋吗? ▶ レジぶくろ

6. 您弄错了吗? 那，请您在这上面再写一遍。 ▶ おまちがえ

7. 您要用筷子吗? ▶ おはし

8. 您要看一下菜单吗? ▶ メニュー

## 「お~になります」「ご~になります」

接待服务
注意要点

「お~になります」和「ご~になります」是为了避免直接表述对方的动作及行为的一种敬语形式。

---

お待ちになりますか。
O-machi ni narimasu ka?

おやめになりますか。
O-yame ni narimasu ka?

現金でお支払いになりますか。
Genkin de o-shiharai ni narimasu ka?

別のサイズをお試しになりますか。
Betsu no saizu o o-tameshi ni narimasu ka?

レジ袋はお使いになりますか。
Reji-bukuro wa o-tsukai ni narimasu ka?

お間違えになりましたか。では、こちらにもう一度お書きください。
O-machigae ni narimashita ka? Dewa, kochira ni mō ichido o-kaki kudasai.

お箸はご利用になりますか。
O-hashi wa go-riyō ni narimasu ka?

メニューをご覧になりますか。
Menyū o go-ran ni narimasu ka?

第一章 敬语的基本类型及基本表现

# Unit 3

## 敬語③
### 敬语 ③
〜特殊说法〜

在敬语日常常用的一部分词语中有特殊的说法。

| | | |
|---|---|---|
| □ 1 | 您大概几点在家？ | ▶ なんじごろ |
| □ 2 | 您来这里是第一次吗？<br>● 第一次→初めて | ▶ こちらに |
| □ 3 | 您要吃甜点吗？ | ▶ デザート |
| □ 4 | 对不起，您说什么？ | ▶ すみません |
| □ 5 | 您母亲平时穿什么样的衣服？ | ▶ おかあさま |
| □ 6 | 有时间请您一定看看。 | ▶ おじかん |
| □ 7 | 您知道有这样的服务吧？ | ▶ こういう |
| □ 8 | 多谢您远道而来。 | ▶ とおくから |

第1章　敬語の基本パターンと接客の基本表現

 变成别的说法的词语。

一部分动词不是改变其说法，而是改变其词句。平时经常使用，要一个一个地记住。

### 何時ごろなら、ご自宅にいらっしゃいますか。
Nan-ji goro nara, go-jitaku ni irasshaimasu ka?
＊いらっしゃる：居る

### こちらにいらっしゃったのは初めてですか。
Kochira ni irasshatta no wa hajimete desu ka?
＊いらっしゃる：来る

### デザートはお召し上がりになりますか。
Dezāto wa o-meshiagari ni narimasu ka?
＊召しあがる：食べる

### すみません、何とおっしゃいましたか。
Sumimasen, nan to osshaimashita ka?

### お母様はいつもどんな服をお召しになっていますか。
O-kāsama wa itsumo donna fuku o o-meshi ni natte imasu ka?　＊お召しになる：着る

### お時間があれば、ぜひご覧ください。
O-jikan ga areba, zehi go-ran kudasai.

### こういうサービスがあるのはご存じでしょうか。
Kōiu sābisu ga aru no wa go-zonji deshō ka?

### 遠くからお越しいただき、ありがとうございます。
Tōku kara o-koshi itadaki, arigatō gozaimasu.

# Unit 4

## 敬語④
### 敬語④
～「れる・られる」型和「なさる・される」型～

「れる・られる」活用変化型、和「する」変化形的「なさる」「される」型。

□ 1　量很多，大家都感到震惊。　　　　　▶ りょう

□ 2　您已经去了这个美术馆了吗?　　　　▶ こちらの

□ 3　是第一次来的人很多。　　　　　　　▶ はじめて

□ 4　其他人刚才好像都回去了。　　　　　▶ ほかの
　　● 刚才→先ほど

□ 5　您打算怎么办呢?　　　　　　　　　▶ いかが

□ 6　喝的您要什么?　　　　　　　　　　▶ おのみもの

□ 7　您已经登录了吗?　　　　　　　　　▶ とうろく
　　● 已经→もう、すでに

□ 8　您打算取消吗?　　　　　　　　　　▶ キャンセル

## 「れる」「られる」和「なさる」「される」

「行かれる」、「来られる」是跟说「いらっしゃる」相同的意思。「なさる」和「される」也是一样。区别这些词语不必太神经质。

量が多いので、皆さん、驚かれます。
Ryō ga ōi node, minasan, odorokaremasu.

こちらの美術館にはもう行かれましたか。
Kochira no bijutsukan ni wa mō ikaremashita ka?

初めて来られたという方が多いです。
Hajimete korareta toiu kata ga ōi desu.

ほかの方々は先ほど帰られたようです。
Hoka no katagata wa sakihodo kaerareta yō desu.

いかがなさいますか。
Ikaga nasaimasu ka?

お飲み物は何になさいますか。
O-nomimono wa nani ni nasaimasu ka?

登録はもうされましたか。
Tōroku wa mō saremashita ka?

キャンセルされますか。
Kyanseru saremasu ka?

# Unit 5

## 敬語⑤
### けいご
### 敬语⑤
### ～自谦语～

是为了表示尊敬对方而贬低自己的一种自谦表现。

**CD-1 / 6**

☐ **1** 谢谢您的预约。 ▶ ごよやく

☐ **2** 〈在电话上〉
我念电话号码，请您做好记录准备可以吗？ ▶ ばんごう

☐ **3** 期待着您的再次光临。 ▶ またの

☐ **4** 我给您带路。 ▶ ごあんない…

☐ **5** 可以询问一下您的姓名吗 ▶ おなまえ

☐ **6** 今天赠送您打折优惠券。 ▶ ほんじつ

☐ **7** 请让我看一下您的卡。 ▶ カード

☐ **8** 现在马上就过去，请您稍等。 ▶ ただいま
  ● 早点儿→早めに
       はや

 **「謙譲語」**　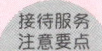

「謙譲語／自謙語」是通过贬低自己而表示对对方的敬意的一种表现。用在自己的动作及表示自己这方面的事情上。

---

ご予約を**いただき**、ありがとうございます。
Go-yoyaku o itadaki, arigatō gozaimasu.

〈電話で〉番号を**申し上げます**。メモのご用意はよろしいでしょうか。
〈denwa de〉Bangō o mōshiagemasu. Memo no go-yōi wa yoroshī deshō ka?

またのご来店を**お待ちしております**。
Mata no go-raiten o o-machi shite orimasu.

**ご案内**します。
Go-annai shimasu.

お名前を**お伺いして**もよろしいでしょうか。
O-namae o o-ukagai shitemo yoroshī deshō ka?

本日、割引券を**差し上げて**おります。
Honjitsu, waribikiken o sashiagete orimasu.

カードを**拝見**します。
Kādo o haiken shimasu.

ただ今**参ります**ので、少々お待ちください。
Tadaima mairimasu node, shōshō o-machi kudasai.

# Unit 6

## 敬語⑥
### 敬语⑥
～客气的说法～

在接待客人的过程中，都要使用客气的说法。

| | | | |
|---|---|---|---|
| ☐ | 1 | 厕所在这里边儿。 | ▸ トイレ |
| ☐ | 2 | 含税 3500 日元。 | ▸ ぜいこみ |
| ☐ | 3 | 今天真诚感谢您的光临。<br>● 真诚→まことに | ▸ ほんじつは |
| ☐ | 4 | 这是 M 号。 | ▸ こちらが |
| ☐ | 5 | 这是饮料价格单。 | ▸ こちら |
| ☐ | 6 | 您二位都要咖啡吗？ | ▸ おふたかた |
| ☐ | 7 | 您要的都上齐了吧？ | ▸ ごちゅうもん |
| ☐ | 8 | 我不太清楚。 | ▸ わたくし |

# 「丁寧語」

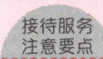

接待服務
注意要点

「丁寧語／礼貌语」是表示对对方的尊重，以比较郑重的口吻有礼貌地措辞。名词及形容词前加「お」或「ご」，用「です」「ます」「ございます」。片假名的外来语不加「お」「ご」。

### トイレは、この奥にございます。
Toire wa, kono oku ni gozaimasu.

＊ございます：あります

### 税込で3500円でございます。
Zēkomi de sanzen-gohyaku-en de gozaimasu.

＊でございます：です

### 本日は誠にありがとうございます。
Honjitsu wa makotoni arigatō gozaimasu.

### こちらがMサイズでございます。
Kochira ga emu saizu de gozaimasu.

### こちら、お飲み物のメニューでございます。
Kochira, o-nomimono no menyū de gozaimasu.

### お二方とも、コーヒーでよろしいでしょうか。
O-futakata tomo, kōhī de yoroshī deshō ka?

### ご注文の品はお揃いでしょうか。
Go-chūmon no shina wa o-soroi deshō ka?

### わたくしではわかりかねます。
Watakushi dewa wakari kanemasu.

＊～かねます：「Vます＋かねます」の形。Vできないという気持ちを表す。

# Unit 7 客を迎える・客を見送る
きゃく　むか　きゃく　みおく
迎客、送客

掌握给客人留下好印象的"迎客"和"送客"时的基本语句。

CD-1
8

- [ ] 1 　欢迎光临。　　　　　　　　　　　　　　▶ いらっしゃい…

- [ ] 2 　请您慢慢观赏。（観光地、お店、美術館、博物館等）／请您慢慢享用。（飲食店）／请您好好休息。（ホテル、旅館）　▶ ごゆっくり

- [ ] 3 　请您慢慢观赏。　　　　　　　　　　　　▶ ごゆっくり

- [ ] 4 　您有什么事的话，请随时叫我。　　　　　▶ なにか

- [ ] 5 　您没有忘掉什么东西吧。　　　　　　　　▶ おわすれもの

- [ ] 6 　谢谢您的光临。
　　● 光临→ご来店
　　　　　　らいてん　　　　　　　　　　　　▶ ごらいてん

- [ ] 7 　谢谢您，欢迎您再次光临。　　　　　　　▶ ありがとう…

- [ ] 8 　请您路上小心。（请您慢走）
　　● 小心→気をつけて
　　　　　　　き　　　　　　　　　　　　　　▶ おきをつけて

 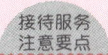

「いらっしゃいませ」主要用在①顾客来店时、②开始直接跟顾客对话时、③与顾客距离接近时（你或者顾客从近处通过时等）。

### いらっしゃいませ。
Irasshaimase.

### ごゆっくりどうぞ。
Go-yukkuri dōzo.

### ごゆっくりお楽しみください。
Go-yukkuri o-tanoshimi kudasai.

### 何かありましたら、お申し付けください。
Nanika arimashitara, o-mōshitsuke kudasai.

### お忘れ物はございませんか。
O-wasuremono wa gozaimasen ka?

＊忘れ物：遗失物／遗忘的东西

### ご来店ありがとうございました。
Go-raiten arigatō gozaimashita.

### ありがとうございました。またお越しくださいませ。
Arigatō gozaimashita. Mata o-koshi kudasaimase.

### お気をつけてお帰りください。
O-ki o tsukete o-kaeri kudasai.

# Unit 8 営業時間
## 営業时间
えいぎょうじかん

掌握有关客人询问营业时间及定休日的应对语句。

**CD-1 9**

☐ **1** 几点开门？ ▶ なんじ
- 几点→何時（に）
  なん じ

☐ **2** 开到晚上7点。 ▶ しちじ

☐ **3** 营业时间从几点到几点？ ▶ えいぎょうじかん
- 营业→営業
  えいぎょう

☐ **4** 从早上10点到晚上8点。／24小时营业。 ▶ ごぜん

☐ **5** 星期一到星期五从上午10点到晚上8点，星期六从上午9点到晚上7点。 ▶ げつようび

☐ **6** 定休日是哪天？ ▶ ていきゅうび

☐ **7** 每周星期一。／第三个星期三。 ▶ まいしゅう

☐ **8** 全年无休。 ▶ ねんじゅう…
- 全年→年中
  ねんじゅう

「日曜日もやっております」
接待服务
注意要点

「やる」与「営業している/在营业」「開いている/开门」表示同样的意思。「やる」是不太礼貌的说法。 例）「日曜もやってますか」回答应该是「はい。日曜日も営業しております/やっております」

何時に閉店しますか。
Nan-ji ni hēten shimasu ka?

7時まで開いております。
Shichi-ji made aite orimasu.

営業時間は何時から何時までですか。
Ēgyō jikan wa nan-ji kara nan-ji made desu ka?

午前10時から午後8時まででございます。／24時間営業です。
Gozen jū-ji kara gogo hachi-ji made de gozaimasu. / Nijūyo-jikan ēgyō desu.

月曜日から金曜日までは午前10時から午後8時までで、土曜日は9時から7時までとなっております。
Getsuyōbi kara kin'yōbi made wa gozen jū-ji kara gogo hachi-ji made de, doyōbi wa ku-ji kara shichi-ji made to natte orimasu.

定休日はいつですか。
Tēkyūbi wa itsu desu ka?

毎週月曜日です。／第3水曜日になります。
Maishū getsuyōbi desu. / Dai-san suiyōbi ni narimasu.

年中無休です。
Nenjūmukyū desu.

# Unit 9

## トイレの案内
あんない
卫生间的说明

掌握说明店内或楼内卫生间场所的基本语句。

**CD-1 10**

□ 1  洗手间在哪儿？ ▶ おてあらい

□ 2  在那儿里边儿。 ▶ あちら

□ 3  在走廊尽头儿。 ▶ ろうか
　　● 尽头儿→突き当たり
　　　　　　　つ　あ

□ 4  从这儿走到头儿往有拐。 ▶ ここを

□ 5  在鞋卖场的里边儿。 ▶ あちら

□ 6  出了店往右稍走一点儿就是。 ▶ おみせ

□ 7  上电梯到二楼，右手边儿里边儿就是。 ▶ エスカレーター

□ 8  在一楼和二楼的楼梯附近。 ▶ いっかい

## 厕所（洗手间）的场所

接待服务注意要点

厕所（卫生间）在哪儿也许是最常被顾客问到的。有的是在店内，有的是在店外楼内的公用厕所。

お客様

お手洗いはどこですか。
て あら
*O-tearai wa doko desu ka?*

あちらの奥でございます。
おく
*Achira no oku de gozaimasu.*

＊奥（おく）：里面

廊下の突き当たりでございます。
ろうか　つ　あ
*Rōka no tsukiatari de gozaimasu.*

ここをまっすぐ行った突き当たりの右にございます。
い　つ　あ　みぎ
*Koko o massugu itta tsukiatari no migi ni gozaimasu.*

あちらの靴売り場の奥にございます。
くつう　ば　おく
*Achira no kutsu uriba no oku ni gozaimasu.*

お店を出て、右に少し行ったところにございます。
みせ　で　みぎ　すこ　い
*O-mise o dete, migi ni sukoshi itta tokoro ni gozaimasu.*

エスカレーターで２階に上がると、左手奥にございます。
かい　あ　ひだり て おく
*Esukarētā de ni-kai ni agaruto, hidarite oku ni gozaimasu.*

１階と２階の階段付近にございます。
かい　かい　かいだん ふ きん
*Ikkai to ni-kai no kaidan hukin ni gozaimasu.*

＊付近（ふきん）：附近

# Unit 10

## よく聞き取れない・わからない
### 没听清楚、不清楚

掌握没听清楚客人说的话及被问的内容不清楚时的基本语句。

CD-1 11

☐ **1** 请您再说一遍可以吗？
　● 再说一遍→もう一度
　　　　　　　▶ もういちど

☐ **2** 能请您再说一遍吗？
　　　　　　　▶ もういちど

☐ **3** 我去确认一下，请您等一下。
　● 暂时→しばらく
　　　　　　　▶ おしらべします

☐ **4** 我确认一下，请稍等。
　● 稍微→少々
　　　　　　　▶ かくにん…

☐ **5** 实在抱歉，没有查到（没有找到）。
　　　　　　　▶ もうしわけ…

☐ **6** 请您写在这儿可以吗？
　　　　　　　▶ ここに

☐ **7** 请稍等，我去叫别的人过来。
　　　　　　　▶ しょうしょう

## 「～（し）かねる」

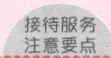

「～（し）かねる」是「～しようとするが、難しい／想要做，但很难」的意思，是传达无法满足您的愿望的一种客套的说法。

もう一度よろしいですか。
Mō ichido yoroshī desu ka?

もう一度おっしゃっていただけますか。
Mō ichido osshatte itadakemasu ka?

お調べしますので、しばらくお待ちください。
O-shirabe shimasu node, shibaraku o-machi kudasai.

確認いたしますので、少々お待ちください。
Kakunin itashimasu node, shōshō o-machi kudasai.

申し訳ございません。ちょっとわかりかねます。
Mōshiwake gozaimasen. Chotto wakari kanemasu.

ここに書いていただいてよろしいですか。
Koko ni kaite itadaite yoroshī desu ka?

少々お待ちください。別の者を呼んでまいります。
Shōshō o-machi kudasai. Betsu no mono o yonde mairimasu.

# Unit 11

## よく使うひとこと表現①
### 常用的惯用句①

掌握与客人会话中常用的惯用句。

CD-1 12

□ 1　知道了。　　　　　　　　　　　　　　　▶ わかり…

□ 2　知道了。（用敬重的说法）　　　　　　　▶ かしこまり…

□ 3　是那样啊。　　　　　　　　　　　　　　▶ さよう…

□ 4　不要紧。　　　　　　　　　　　　　　　▶ けっこう…

□ 5　我觉得这个有点儿难办。　　　　　　　　▶ それは

□ 6　实在抱歉，这个不能为您办理。　　　　　▶ もうしわけ…

□ 7　可以吗？　　　　　　　　　　　　　　　▶ よろしい…

□ 8　没什么问题吗？　　　　　　　　　　　　▶ とくに

## 「かしこまりました」「左様でございます」

比「わかりました」的说法要客套，比「かしこまりました／承知いたしました」、「そうです」「（それで）いいです」更客套的说法是「左様です／でございます」「結構です／でございます」。

わかりました。
Wakarimashita.

かしこまりました。／承知いたしました。
Kashikomarimashita. / Shōchi itashimashita.

左様でございます。
Sayō de gozaimasu.

結構でございます。
Kekkō de gozaimasu.

それは難しいかと思います。
Sore wa muzukashī ka to omoimasu.

申し訳ございません。それはちょっとできかねます。
Mōshiwake gozaimasen. Sore wa chotto deki kanemasu.

よろしいでしょうか。
Yoroshī deshō ka?

特に問題はございませんでしょうか。
Tokuni mondai wa gozaimasen deshō ka?

# Unit 12 よく使うひとこと表現②

常用的惯用句②

掌握与客人会话中常用的惯用句。

**CD-1 13**

| | | |
|---|---|---|
| □ 1 | 您想怎么办？ | ▶ いかが |
| □ 2 | 请稍等。 | ▶ しょうしょう |
| □ 3 | 占用点儿您的时间。 | ▶ おじかん |
| □ 4 | 那，我带您去。 | ▶ では |
| □ 5 | 别的有没有不明白的地方？<br>● 不明白的地方→不明な点（ふめいてん） | ▶ ほかに |
| □ 6 | 请问，哪位把雨伞忘在这儿了？ | ▶ すみません |
| □ 7 | 对不起，从您前边儿稍过一下。 | ▶ すみません |
| □ 8 | 也许给您增添不便，请您能谅解。（直译：请允许我们那样做。） | ▶ ごふべん |

## 只是一句话，说与不说截然不同

接待服务
注意要点

「前を失礼いたします／对不起，从您前面过一下」这是推搬运车从客人前经过时常说的一句话。

---

**いかがなさいますか。**
Ikaga nasaimasu ka?

**少々お待ちください。**
Shōshō o-machi kudasai.

**お時間、少々いただきます。**
O-jikan, shōshō itadakimasu.

**では、ご案内いたします。**
Dewa, go-annai itashimasu.

**ほかに何かご不明な点はございませんでしょうか。**
Hokani nanika go-fumē na ten wa gozaimasen deshō ka?

**すみません、どなたか、傘をお忘れではないでしょうか。**
Sumimasen, donataka, kasa o o-wasure dewanai deshō ka?

**すみません、（ちょっと）前を失礼いたします。**
Sumimasen, (chotto) mae o shitsurē itashimasu.

**ご不便かもしれませんが、そのようにさせていただいております。**
Go-fuben kamo shiremasen ga, sonoyō ni sasete itadaite orimasu.

# Unit 13

## 会计①
### 结帐 ①
～用卡儿结帐～

掌握结帐时常用语句。先掌握用卡儿结帐的基本语句。

**CD-1 14**

- [ ] 1　交款处在那边儿。　　　　　▸ おかいけい

- [ ] 2　您要怎么结帐？　　　　　　▸ おしはらい

- [ ] 3　也可以用信用卡结账。　　　▸ カード
  - 信用卡→（クレジット）カード

- [ ] 4　先保管一下您的信用卡。　　▸ カード

- [ ] 5　您要分几次付？　　　　　　▸ おしはらい

- [ ] 6　请您在这儿签名。　　　　　▸ こちらに
  - 签名→サイン

- [ ] 7　请在这儿输入您的密码。　　▸ こちらに
  - 密码→暗証番号（あんしょうばんごう）

- [ ] 8　还给您的卡和收据。　　　　▸ カード
  - 收据→領収書（りょうしゅうしょ）、レシート

## 「する」的敬語是？

接待服務
注意要点

「どのようにする」及「何回にする」等的「する」可以用敬語「なさる」替換（⇒〜なさいますか）。

お会計はあちらになります。
O-kaikē wa achira ni narimasu.

お支払いはどのようになさいますか。
O-shiharai wa donoyō ni nasaimasu ka?

カードもお使いになれます。
Kādo mo o-tsukai ni naremasu.

カードをお預かりします。
Kādo o o-azukari shimasu.

お支払いは何回になさいますか。
O-shiharai wa nan-kai ni nasaimasu ka?

こちらにサインをお願いします。
Kochira ni sain o onegai shimasu.

こちらに暗証番号をご入力ください。
Kochira ni anshōbangō o go-nyūryoku kudasai.

＊入力する：輸入
　にゅうりょく

カードのお返しとレシートでございます。
Kādo no o-kaeshi to reshīto de gozaimasu.

第一章　敬語的基本類型及基本表現

41

# Unit 14

## 会計②
### 结帐②
~现金结帐~

掌握现金结帐的基本语句。

**1** 实在抱歉，只能付现金。 ▸ もうしわけ…

**2** 含税一共是 2123 日元。 ▸ ぜいこみ

**3** 收您 2000 和 123 日元，正好。 ▸ にせん

**4** 一共 3955 日元。 ▸ おかいけい

**5** 5000 日元找钱可以吗？ ▸ ごせんえん

**6** 收您 5000 日元。 ▸ ごせんえん
 • 收您→預かる

**7** 找您 1000 和 55 日元。 ▸ せん
 • 找您→おつりです

**8** 这是找您的 173 日元和收据。 ▸ こちら

## 是谁的?

找客人钱时，开始对客人交的钱说「〜円お預かりします／收您〜」，找钱时说「〜円のお返しです／找您〜」。这是因为钱本来是顾客的私有物。

---

**申し訳ありません。お支払いは現金のみになります。**
Mōshiwake arimasen. O-shiharai wa genkin nomi ni narimasu.

---

**税込で2123円でございます。**
Zēkomi de nisen-hyaku-nijū-san-en de gozaimasu.

---

**2000と123円ですね。ちょうどいただきました。**
Nisen to hyaku-nijū-san-en desu ne. Chōdo itadakimashita.

---

**お会計、3955円になります。**
O-kaikē, sanzen-kyūhyaku-gojū-go-en ni narimasu.

＊会計：结帐

---

**5千円からでよろしいでしょうか。**
Gosen-en kara de yoroshī deshō ka?

---

**5千円お預かりします。**
Gosen-en o-azukari shimasu.

＊預かる：保管

---

**1000と55円のおつりでございます。**
Sen to gojū-go-en no otsuri de gozaimasu.

＊おつり：找钱

---

**こちら173円のお返しと、レシートでございます。**
Kochira hyaku-nanajū-san-en no okaeshi to, reshīto de gozaimasu.

# Unit 15

## 会計③
### かいけい
### 结帐 ③
### ～其他～

掌握结帐时常用的其他语句。

CD-1 16

| | | |
|---|---|---|
| □ 1 | 您有 ABC 卡吗？ | ▶ エービーシー |
| □ 2 | 先保管一下。。。还给您。 | ▶ おあずかり… |
| □ 3 | 对不起。 | ▶ しつれい… |
| □ 4 |〈在餐厅〉你们一起结账吗？ | ▶ おかいけい |
| □ 5 请分别结帐。 | | ▶ べつべつ |
| □ 6 | 找您的零钱太多，对不起。 | ▶ おつり |
| □ 7 这个商品券可以用吗？ | | ▶ この |
| □ 8 | 可以，不过使用这个商品券不能找您钱，请您注意。 | ▶ はい |

44

## 精算方法

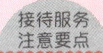

> 在日本几个人一起吃饭时，「自分の分は自分で払う／各付各的」的情况比较多。一般说「（会計は）別々で」。在喝馆等地方大家平均收费时，说「割り勘」。

**ABCカードはお持ちでしょうか。**
Ēbīshī kādo wa o-mochi deshō ka?

**お預かりします。・・・お返しします。**
O-azukari shimasu. .....O-kaeshi shimasu.

**失礼しました。**
Shitsurē shimashita.

**〈レストランなどで〉お会計はご一緒でよろしいですか。**
〈Resutoran nado de〉 O-kaikē wa go-issho de yoroshī desu ka?

**別々でお願いします。**
Betsubetsu de onegai shimasu.

**おつりが細かくなって申し訳ありません。**
Otsuri ga komakaku natte mōshiwake arimasen.

＊細かい：細小

**この商品券は使えますか。**
Kono shōhinken wa tsukaemasu ka?

**はい。ただし、こちらの券の場合、おつりが出ませんので、ご注意ください。**
Hai. Tadashi, kochira no ken no bāi, otsuri ga demasen node, go-chūi kudasai.

# Unit 16 謝る
## 道歉

掌握出了差错及不能满足客人要求时向客人道歉的基本语句。

CD-1 17

☐ 1　很抱歉。　　　　　　　　　　　　▸ しつれい

☐ 2　实在对不起。　　　　　　　　　　▸ たいへん
　　● 实在→本当に、まことに

☐ 3　让您久等了，实在对不起。　　　　▸ おまたせ…

☐ 4　实在让您久等了。　　　　　　　　▸ たいへん

☐ 5　让您久等了，十分抱歉。　　　　　▸ おそくなって…

☐ 6　给您添麻烦了。　　　　　　　　　▸ おてすうを…

☐ 7　没能帮上忙，对不起。　　　　　　▸ おやくに…

☐ 8　给您添麻烦了，实在抱歉。　　　　▸ ごめいわくを

## 不说「ごめんなさい」，要说「申し訳ありません」

**接待服务注意要点**

接待顾客时，不能说「ごめんなさい」。还有与「すみません（でした）」相比，「申し訳ありません／ございません（でした）」更客套，被普遍使用。

### 失礼いたしました。
Shitsurē itashimashita.

### 大変失礼いたしました。
Taihen shitsurē itashimashita.

### お待たせして申し訳ありません。
O-mataseshite mōshiwake arimasen.

### 大変お待たせしました。
Taihen o-matase shimashita.

### 遅くなってしまい、申し訳ございません。
Osokunatte shimai, mōshiwake gozaimasen.

### お手数をおかけします。／ご面倒をおかけします。
O-tesū o o-kake shimasu. / Go-mendō o o-kake shimasu.

＊手数：麻烦

### お役に立てず、申し訳ございません。
O-yaku ni tatezu, mōshiwake gozaimasen.

＊役に立つ：有用

### ご迷惑をおかけして、誠に申し訳ありませんでした。
Go-mēwaku o o-kakeshite, makotoni mōshiwake arimasen deshita.

# 第2章

## 飲食店
### 饮食店

**飲食店の基本①〜⑭/**
**ファーストフード店①〜③/居酒屋①〜⑤/パブ**

饮食店的基本用语①〜⑭/
快餐店①〜③/喝酒店①〜⑤/酒吧

# Unit 1

## 飲食店の基本①
### 饮食店的基本用语①
～回应顾客的预约电话～

记住传达对方希望的时间、座位及其对应的服务用语。

- [ ] 1 我想预定今晚7点5个人的座位…。 ▶ きょうのよるしちじ

- [ ] 2 是今晚7点5位对吧，好的，知道了。 ▶ ほんじつごごしちじ

- [ ] 3 非常抱歉，6点已经预约满了…。 ▶ もうしわけありません
  - 满了→いっぱい

- [ ] 4 非常抱歉，今天有个宴会，餐厅已经被预定出去了。 ▶ もうしわけありません

- [ ] 5 7点的话有空位。 ▶ しちじでしたら

- [ ] 6 有靠窗的座位吗？/ 我想要靠窗的座位。 ▶ まどぎわのせき

- [ ] 7 座位分开也可以吗？ ▶ おせき

- [ ] 8 可以问一下您的姓名吗？ ▶ おなまえ

## 「お一人様(ひとりさま)」

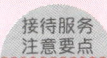

接待服务注意要点

对客人要使用敬语。如「お客様(きゃくさま)」「田中様(たなかさま)」「3名様(めいさま)」那样，要加上「様(さま)」。客人一个人来店时也要说「お一人様(ひとりさま)でいらっしゃいますか」。

### 今日の夜7時に5名で予約をしたいのですが……。
*Kyō no yoru shichi-ji ni go-mē de yoyaku o shitai no desuga….*

### 本日午後7時に5名様ですね。かしこまりました。
*Honjitsu gogo shichi-ji ni go-mē sama desu ne. Kashikomarimashita.*

### 申し訳ありません。6時はご予約でいっぱいなんですが……。
*Mōshiwake arimasen. Roku-ji wa go-yoyaku de ippai nan desu ga….*

### 申し訳ありません。本日はパーティーがありまして、貸切になっております。
*Mōshiwake arimasen. Honjitsu wa pāthī ga arimashite, kashikiri ni natte orimasu.*

### 7時でしたら、お席をご用意できますが。
*Shichi-ji deshitara, o-seki o go-yōi dekimasu ga.*

### 窓際の席は空いてますか。／窓際の席がいいのですが。
*Madogiwa no seki wa aite masu ka? / Madogiwa no seki ga ī no desu ga.*

### お席が分かれても、よろしいでしょうか。
*O-seki ga wakarete mo, yoroshī deshō ka?*

### お名前をお伺いしてもよろしいですか。
*O-namae o o-ukagai shite mo yoroshī desu ka?*

第二章　飲食店

# Unit 2

## 飲食店の基本②
いんしょくてん きほん

### 饮食店的基本用语②
～接待来店客人(1)～

记住带客人入座时及客人来店时常用服务用语。

**CD-1 19**

☐ 1　请您随便坐。　　　　　　　　　　　　▶ どうぞ

☐ 2　对不起，这个座位已经预约了。　　　　　▶ おそれいります

☐ 3　现在给您准备座位，请稍等。　　　　　　▶ ただいま
　　　● 准备→ご用意
　　　　　　　　よう い

☐ 4　先请您买食券。　　　　　　　　　　　　▶ さきに

☐ 5　您预约了吗？　　　　　　　　　　　　　▶ ごよやく

☐ 6　7点用川岛的名字预约的。　　　　　　　　▶ しちじに

☐ 7　我带您去您的座位，这边儿请。　　　　　▶ おせきへ

☐ 8　您的大衣要不要给您保管一下？　　　　　▶ コートを
　　　● 保管→預かる
　　　　　　　　あず

## 看着对方的脸说话

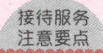

**接待服务注意要点**

接待客人时，要看着客人的脸说话。这不仅可以传达你的诚意，也可以确认你说的话是否正确地传达给了客人。要看客人的反应进行会话，这样日语也会进步得很快。

---

どうぞ、お好きな席におかけください。
*Dōzo, o-sukina seki ni o-kake kudasai.*

---

恐れ入ります。こちらは予約席になっております。
*Osoreirimasu. Kochira wa yoyakuseki ni natte orimasu.*

---

ただ今、お席をご用意しますので、少々お待ちください。
*Tadaima, o-seki o go-yōi shimasu node, shōshō o-machi kudasai.*

---

先に食券をお買い求めいただけますか。
*Sakini shokken o o-kaimotome itadakemasu ka?*

---

ご予約を承っておりますでしょうか。
*Go-yoyaku o uketamawatte orimasu deshō ka?*

---

７時に川島の名前で予約しています。
*Shichi-ji ni Kawashima no namae de yoyaku shite imasu.*

---

お席へご案内いたします。・・・こちらでございます。
*O-seki e go-annai itashimasu. …..Kochira de gozaimasu.*

---

コートをお預かりいたしましょうか。
*Kōto o o-azukari itashimashō ka?*

# Unit 3

## 飲食店の基本③
### 饮食店的基本用语③
～接待来店客人(2)～

记住确认客人来店时的座位及利用时间等服务用语。

CD-1 20

□ 1　我们这里有禁烟区和吸烟区，您要在哪边儿用餐？　　▶きんえんせき

□ 2　非常抱歉，禁烟区的座位已经满了。　　▶もうしわけありません

□ 3　您吸烟吗？　　▶（お）たばこ

□ 4　实在抱歉，这里所有的座位都不能吸烟。　　▶もうしわけありません

□ 5　靠近服务台前的座位可以的话，马上就可以带您（你们）过去。　　▶カウンター（せき）

□ 6　可以跟别人拼桌吗？　　▶ごあいせき

□ 7　还有30分钟就关店了，没问题吗？　　▶あとさんじゅっぷん

## 「ラストオーダー」

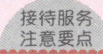

> 接待服务
> 注意要点

在关店30分～一个小时前，许多餐饮店都终止点菜服务。那时要问顾客有没有要添加的，对顾客说「ラストオーダーを取る」。多数店则以料理、饮料的顺序进行最后点菜服务。

---

### 禁煙席と喫煙席がございますが、どちらになさいますか。
*Kin'en seki to kitsuen seki ga gozaimasu ga, dochira ni nasaimasu ka?*

---

### 申し訳ありません。禁煙席はいっぱいなんですが。
*Mōshiwake arimasen. Kin'en seki wa ippai nan desu ga.*

---

### （お）たばこはお吸いになりますか。
*(O-)tabako wa o-sui ni narimasu ka?*

---

### 申し訳ありません。全席禁煙になっております。
*Mōshiwake arimasen. Zenseki kin'en ni natte orimasu.*

---

### カウンター（席）でよろしければ、すぐにご案内できますが。
*Kauntā (seki) de yoroshikereba, sugu ni go-annai dekimasu ga.*

---

### ご相席になってもよろしいですか。
*Go-aiseki ni nattemo yoroshīdesu ka?*

＊相席：拼座儿

---

### あと30分ほどで閉店のお時間になりますが、よろしいでしょうか。
*Ato sanjuppun hodo de hēten no o-jikan ni narimasu ga, yoroshīdeshō ka?*

# Unit 4 飲食店の基本④

**饮食店的基本用语④**
～没座位时的服务用语～

记住店内没空座时的服务用语。

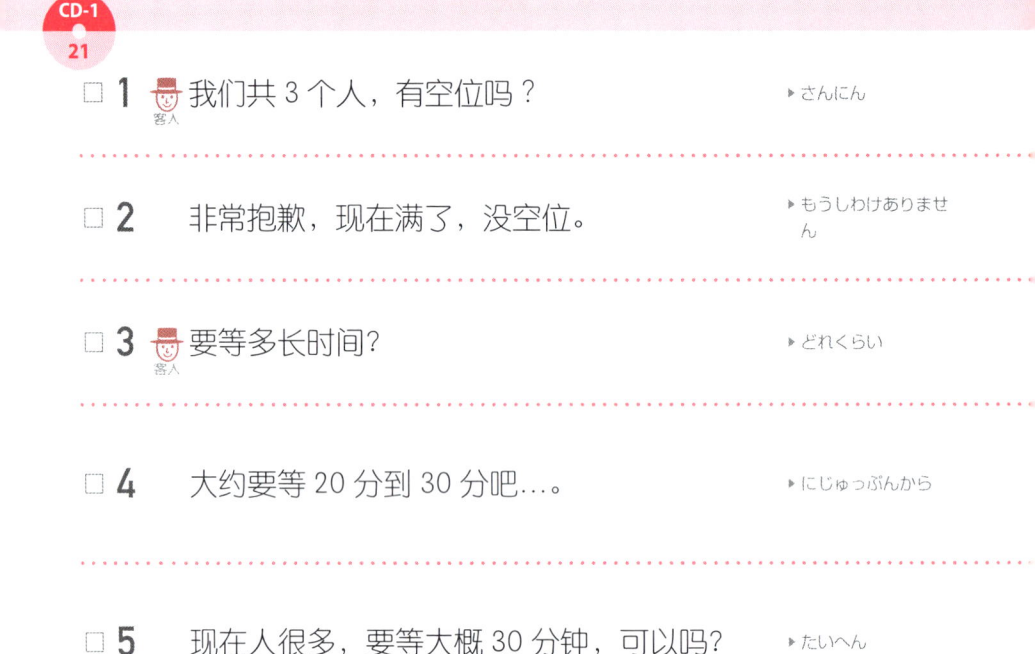

| | | |
|---|---|---|
| □ 1 | 我们共 3 个人，有空位吗？ | ▶ さんにん |
| □ 2 | 非常抱歉，现在满了，没空位。 | ▶ もうしわけありません |
| □ 3 | 要等多长时间？ | ▶ どれくらい |
| □ 4 | 大约要等 20 分到 30 分吧…。 | ▶ にじゅっぷんから |
| □ 5 | 现在人很多，要等大概 30 分钟，可以吗？ | ▶ たいへん |
| □ 6 | 对不起，请您在这儿写上名字等一下可以吗？ | ▶ おそれいりますが |
| □ 7 | 按顺序叫，请您排队等一下，可以吗？<br>● 按顺序→順番に（じゅんばん） | ▶ じゅんばんに |
| □ 8 | 3 位的青木先生！（对不起）让您久等了。 | ▶ さんめいさま |

## 受理表／受理单

接待服务
注意要点

当店里座席満了的时候，需要排队等候，有时要在门口准备好的用纸上写上名字等候。后者也有先写下名字，然后到外边去，就不回来的客人。

**3人なんですが、入れますか。**
San-nin nan desu ga, hairemasu ka?

**申し訳ありません。ただ今、満席になっております。**
Mōshiwake arimasen. Tadaima, manseki ni natte orimasu.

**どれくらい待ちますか。**
Dorekurai machimasu ka?

**20分から30分くらいお待ちいただくことになると思いますが……。**
Nijuppun kara sanjuppun kurai o-machi itadaku koto ni naru to omoimasu ga….

**大変込んでおりまして、30分ほどお時間かかりますが、よろしいでしょうか。**
Taihen kondeorimashite, sanjuppun hodo o-jikan kakarimasu ga, yoroshīdeshō ka?

**恐れ入りますが、こちらにお名前をお書きになってお待ちいただけますでしょうか。**
Osoreirimasu ga, kochira ni o-namae o o-kaki ni natte o-machi itadakemasudeshō ka?

**順番にお呼びしますので、並んでお待ちいただけますか。**
Junban ni o-yobi shimasu node, narande o-machi itadakemasu ka?

**3名様でお待ちの青木様、お待たせしました。**
San-mē sama de o-machi no Aoki sama, o-matase shimashita.

# Unit 5

## 飲食店の基本⑤
いんしょくてん きほん

**饮食店的基本用语⑤**
～点菜(1)～

记住菜单的说明及询问客人点菜的服务用语。

CD-1 22

☐ 1　这是菜单。　　　　　　　　　　　▸ メニュー

☐ 2　今天午餐有这三种。　　　　　　　　▸ ほんじつの
　● 三种→3種類
　　　　しゅるい

☐ 3　午餐的套餐带汤、沙拉和甜点。　　　▸ ランチセット

☐ 4　这些套餐在您喜欢的意大利面中免费带面包、沙拉还有饮料，很合算。　▸ こちらの

☐ 5　意大利面从这三种里选。　　　　　　▸ パスタは

☐ 6　稍后再问您要什么。　　　　　　　　▸ のちほど
　● 稍后→のちほど

☐ 7　您定好要什么的话，请叫我。　　　　▸ ごちゅうもん

☐ 8　您定好要什么了吗？　　　　　　　　▸ ごちゅうもん

## 「定食」

饭和菜为一套的叫做「定食」。（例：てんぷら定食、日替わり定食）等。带饮料和甜点的则不说「定食」。这种情况则说「～セット」或「～ランチ」。

---

**メニューでございます。**
Menyū de gozaimasu.

---

**本日のランチは、こちらの３種類でございます。**
Honjitsu no ranchi wa, kochira no san-shurui de gozaimasu.

---

**ランチセットには、スープとサラダ、デザートが付いております。**
Ranchi setto niwa, sūpu to sarada, dezāto ga tsuite orimasu.

---

**こちらのセットは、お好きなパスタにパンとサラダとドリンクが付いて、大変お得になっております。**
Kochira no setto wa, o-suki na pasuta ni pan to sarada to dorinku ga tsuite, taihen o-toku ni natte orimasu.

---

**パスタはこちらの３つの中からお選びいただきます。**
Pasuta wa kochira no mittsu no naka kara o-erabi itadakimasu.

---

**後ほどご注文を伺いに参ります。**
Nochihodo go-chūmon o ukagai ni mairimasu.

＊伺う：「聞く」的自谦语　　＊参る：「行く」的自谦语

---

**ご注文がお決まりになりましたら、お呼びください。**
Go-chūmon ga o-kimari ni narimashitara, o-yobi kudasai.

---

**ご注文は承っておりますでしょうか。**
Go-chūmon wa uketamawatte orimasu deshō ka?

＊承る：受理

# Unit 6

## 飲食店の基本⑥
いんしょくてん きほん

### 饮食店的基本用语⑥
〜点菜⑵〜

记住点菜时常出现的提问及其回答的服务用语。

**CD-1 12**

☐ 1　您要套餐还是单点？　　　　　　　　　　　　▶ コース
　　● 套餐→コース　● 单点→お好み、单品
　　　　　　　　　　　　このみ　　たんぴん

☐ 2　有什么可以推荐给我们的好吃的菜吗？　　　　▶ おすすめ

☐ 3　给您推荐这个夏季蔬菜咖喱。　　　　　　　　▶ こちらの

☐ 4　这个奶酪蛋糕是本店最受欢迎的。　　　　　　▶ こちらの
　　● 受欢迎→人気
　　　　　　　にんき

☐ 5　这份沙拉的量有多少？　　　　　　　　　　　▶ この

☐ 6　两个人的量正好。　　　　　　　　　　　　　▶ おふたり
　　● 正好→ちょうどいい

☐ 7　您有什么食物过敏吗？　　　　　　　　　　　▶ なにか

☐ 8　这道菜里没用猪肉。　　　　　　　　　　　　▶ この

## 要详细了解该店的菜单内容

接待服务
注意要点

常被第一次来店里的客人问到这个店受欢迎的菜是什么。要能介绍店里受欢迎的菜及价格合算的菜。要做到无论什么时候都能对顾客详细说明，具体掌握各个菜的内容是很重要的。

コースになさいますか、お好みでご注文なさいますか。
Kōsu ni nasaimasu ka, o-konomi de go-chūmon nasaimasu ka?

おすすめは何ですか。
O-susume wa nan desu ka?

＊おすすめ：推荐

こちらの夏野菜カレーがおすすめです。
Kochira no natsuyasai karē ga osusume desu.

こちらのチーズケーキが、当店の一番人気です。
Kochira no chīzukēki ga, tōten no ichiban ninki desu.

このサラダは、どれくらいの量がありますか。
Kono sarada wa dorekurai no ryō ga arimasu ka?

お二人でちょうどいい量だと思います。
O-futari de chōdo ī ryō dato omoimasu.

何か食べ物のアレルギーはございますか。
Nanika tabemono no arerugī wa gozaimasu ka?

このお料理には豚肉は使っておりません。
Kono o-ryōri niwa butaniku wa tsukatte orimasen.

# Unit 7

## 飲食店の基本⑦
### 饮食店的基本用语⑦
～点菜(3)～

记住详细确认客人点菜内容的服务用语。

**CD-1 24**

| | | |
|---|---|---|
| □ 1 | 您要什么定好了吗？／想问您要点儿什么？ | ▶ ごちゅうもん |
| □ 2 | 喝的来点儿什么？ | ▶ おのみもの |
| □ 3 | 〈套餐的情况〉喝的什么时候给您拿来呢？ | ▶ おのみもの |
| □ 4 | 喝的跟饭菜一起拿来好还是饭后拿来好？ | ▶ おのみもの |
| □ 5 | 我来确认一下您点的。 | ▶ ごちゅうもん |
| □ 6 | 我再重复一下您点的。<br>● 重复→繰り返す | ▶ ごちゅうもん |
| □ 7 | A 套餐两个，B 套餐一个，饮料是两杯热咖啡和一杯冰咖啡。您要的是这些吧。 | ▶ エーセットが |
| □ 8 | 我把菜单儿收起来吧。<br>● 收起来→お下げする | ▶ メニューを |

## 「下げる」

接待服务
注意要点

表示对客人的尊敬，将客人的餐桌视为高处，把菜单及餐具从客人的桌子上拿下来时用「（～を）下げる」。

### ご注文はお決まりでしょうか。／ご注文をお伺いします。
Go-chūmon wa o-kimari deshō ka? / Go-chūmon o o-ukagai shimasu.

### お飲み物はいかがなさいますか。
O-nomimono wa ikaga nasaimasu ka?

### 〈セットの場合〉お飲み物はいつお持ちしましょうか。
〈setto no bāi〉 O-nomimono wa itsu o-mochi shimashō ka?

### お飲み物はお食事と一緒にお持ちしてよろしいでしょうか。それとも、後になさいますか。
O-nomimono wa o-shokuji to issho ni o-mochi shite yoroshī deshō ka? Soretomo ato ni nasaimasu ka?

### ご注文を確認させていただきます。
Go-chūmon o kakunin sasete itadakimasu.

### ご注文を繰り返させていただきます。
Go-chūmon o kurikaesasete itadakimasu.

＊繰り返す：反復

### Aセットがお二つ、Bセットがお一つ、お飲み物が、ホットコーヒーがお二つにアイスコーヒーがお一つ。ご注文は以上でよろしいでしょうか。
Ē setto ga o-futatsu, Bī setto ga o-hitotsu, o-nomimono ga, hotto kōhī ga o-futatsu ni aisukōhī ga o-hitotsu. Go-chūmon wa ijō de yoroshī deshō ka?

### メニューをお下げします。
Menyū o o-sage shimasu.

# Unit 8

## 飲食店の基本⑧
### 饮食店的基本用语⑧
～上菜～

记住上菜时常用的服务用语。

**CD-1 25**

1. 让您久等了，这是您要的猪排定食。　　　▶おまたせしました

2. 〈要放之前〉A 套餐是哪位？　　　▶エーセットの

3. 您要再来点儿米饭的话，请别客气，随时叫我。　　　▶ごはんの

4. 小心别烫着。　　　▶あついので

5. 请慢用。　　　▶ごゆっくり

6. 〈客人〉这个怎么吃呢？　　　▶これは

7. 这个已经调好味道了，就这么吃就行。　　　▶こちらは

8. 您要的都上齐了吧？　　　▶ごちゅうもん

## 烫手的菜

**接待服务注意要点**

盛菜及铁板烧等的容器比较烫手时，要说声「熱いのでお気をつけください」，提醒客人注意。

---

### お待たせしました。とんかつ定食でございます。
O-matase shimashita. Tonkatsu teishoku de gozaimasu.

### 〈料理を差し出すとき〉Ａセットのお客様。
〈ryōri o sashidasu toki〉 Ē setto no o-kyakusama.

### ごはんのおかわりは、（お）気軽にお申し付けください。
Gohan no okawari wa, (o-)kigaru ni o-mōshitsuke kudasai.

### 熱いのでお気をつけください。
Atsui node o-ki o tsuke kudasai.

＊あつい：熱い⇒物の温度、暑い⇒気温、厚い⇒厚さ

### ごゆっくりお召し上がりください。
Go-yukkuri o-meshiagari kudasai.

### これはどうやって食べるんですか。
Kore wa dōyatte taberu n desu ka?

### こちらはすでに味が付いておりますので、そのままでお召し上がりください。
Kochira wa sudeni aji ga tsuite orimasu node, sonomama de o-meshiagari kudasai.

### ご注文の品はおそろいでしょうか。
Go-chūmon no shina wa o-soroi deshō ka?

＊おそろい：齐

# Unit 9

## 飲食店の基本⑨
### 饮食店的基本用语⑨
～细节服务～

记住接客中细节服务用语。

| | | |
|---|---|---|
| □ 1 | 您要再来点儿咖啡吗? | ▶ コーヒー |
| □ 2 | 给您拿个接碟吧。 | ▶ とりざら |
| □ 3 | 吃完的盘子可以撤吗? | ▶ あいた |
| □ 4 | 这个可以撤吗? | ▶ こちらは |
| □ 5 | 给您拿儿童座椅。 | ▶ おこさま |
| □ 6 | 〈套餐的情况〉饮料给您拿来可以吗? | ▶ おのみもの |
| □ 7 | 对不起,可以移到那边的座位上吗? | ▶ すみません |
| □ 8 | 可以,请。杯子我给您拿过去。 | ▶ はい、どうぞ |

## 为了能让客人愉快用餐

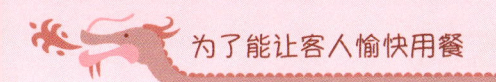

像沙拉这样几个人要平分的情况下，要主动地为客人准备好接碟。还有用完的餐具要急时撤下来。要留意尽量腾开桌面。如果不清楚是否用完时，说声「こちらはお済みでしょうか」来加以确认。

### コーヒーのおかわりはいかがですか。
*Kōhī no okawari wa ikaga desu ka?*

＊おかわり：再来一碗

### 取り皿をお持ちしましょうか。
*Torizara o o-mochi shimashō ka?*

＊取り皿：接碟

### 空いたお皿をお下げしてもよろしいでしょうか。
*Aita o-sara o o-sage shitemo yoroshī deshō ka?*

＊お下げする：片づけて持っていく（撤、收拾）

### こちらは、お下げしてもよろしいでしょうか。
*Kochira wa, o-sage shitemo yoroshī deshō ka.*

### お子様用のいすをお持ちいたします。
*O-ko sama yō no isu o o-mochi itashimasu.*

### 〈セットの場合〉お飲み物をお持ちしてもよろしいでしょうか。
〈*setto no bāi*〉　*O-nomimono o o-mochi shitemo yoroshīdeshō ka?*

### すみません、あっちに移ってもいいですか。
*Sumimasen, acchi ni utsutte mo ī desu ka?*

＊あっち：那边（あちら的口语）

### はい、どうぞ。グラスはこちらでお運びしますので。
*Hai, dōzo. Gurasu wa kochira de o-hakobi shimasu node.*

# Unit 10

## 飲食店の基本⑩
### 饮食店的基本用语⑩
〜请客人稍等〜

记住客人有什么要求或上菜晚时请客人稍等时的服务用语。

CD-1 27

☐ 1 对不起，请给我看下菜单儿可以吗? ▶ すみません

☐ 2 对不起，能给我一杯冰水吗? ▶ すみません
• 冰水→お冷、冷たい水

☐ 3 对不起，请你把这个撤下吧。 ▶ すみません

☐ 4 请稍等。 ▶ しょうしょう

☐ 5 可以坐这儿吗? ▶ ここに

☐ 6 可以，现在收拾一下桌子，请您稍等一下。 ▶ はい

☐ 7 对不起，可以点了吗? ▶ すみません

☐ 8 马上就过去，请您稍等。 ▶ ただいま

## 留意整个店的情况

**接待服务注意要点**

客人叫店员的时候，有的说「**すみません**」，有的则举手示意，两者都很常见。要注音这些，时常观察店内的情况。

---

**すみません、メニューを見せてもらえますか。**
Sumimasen, menyū o misete moraemasu ka?

＊お冷：冷水

---

**すみません、お冷をいただけますか。**
Sumimasen, o-hiya o itadakemasu ka?

---

**すみません、これ、下げてもらえますか。**
Sumimasen, kore, sagete moraemasu ka?

---

**少々お待ちください。**
Shōshō o-machi kudasai.

---

**ここに座ってもいいですか。**
Koko ni suwatte mo ī desu ka?

---

**はい。今、テーブルを片づけますので、少々お待ちください。**
Hai. Ima, tēburu o katazukemasu node, shōshō o-machi kudasai.

---

**すみません、注文いいですか。**
Sumimasen, chūmon ī desu ka?

---

**ただいま参りますので、少々お待ちください。**
Tadaima mairimasu node, shōshō o-machi kudasai.

# Unit 11

## 飲食店の基本⑪
### 飲食店的基本用语⑪
～更改点菜内容～

记住更换点菜内容及取消时的用语。

**CD-1 28**

☐ 1 对不起，我想更改一下点的菜，可以吗？　　▶ すみません

☐ 2 好的，您要怎么更改？　　▶ かしこまりました

☐ 3 刚才我要了两杯咖啡，改为一杯可以吗？　　▶ さっき

☐ 4 刚才我要了个A套餐，能换成B套餐吗？　　▶ さっき

☐ 5 A套餐改成B套餐是吧，知道了。　　▶ エーランチ

☐ 6 还要多长时间？　　▶ あと

☐ 7 还要等10分左右吧。　　▶ じゅっぷんほど

## 不要擅自决定

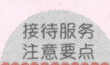

> 当顾客要取求消或更换所点的菜时，说声「確認して参りますので少々お待ちください」，请客人稍候一下。这并不失礼。如果一着急自己擅自决定的话，反而会惹出麻烦。要向店长请示。

**すみません、注文を変えたいんですが、いいですか。**
Sumimasen, chūmon o kaetai n desu ga, ī desu ka?

**かしこまりました。いかがなさいますか。**
Kashikomarimashita. Ikaga nasaimasu ka?

**さっきコーヒーを２つ注文したんですが、１つキャンセルしてもらえますか。**
Sakki kōhī o futatsu chūmon shita n desu ga, hitotsu kyanseru shite moraemasu ka?

**さっきＡランチを頼んだんですが、Ｂランチに変えてもらえますか。**
Sakki ē ranchi o tanonda n desu ga, bī ranchi ni kaete moraemasu ka?

**ＡランチをＢランチに変更ですね。かしこまりました。**
Ē ranchi o bī ranchi ni henkō desu ne? Kashikomarimashita.

**あと、どれくらいかかりますか。**
Ato, dore kurai kakarimasu ka?

**１０分ほどでお持ちできるかと思います。**
Juppun hodo de o-mochi dekiru ka to omoimasu.

# Unit 12

## 飲食店の基本⑫
### 饮食店的基本用语⑫
～应对客人的不满(1)～

记住基本的不满表现及其对应用语。

**CD-1 29**

☐ 1 喂！这里好像进了个虫子…。　　　▸ あのう

☐ 2 非常抱歉，马上给您换新的。　　　▸ もうしわけございません

☐ 3 这鱼烤熟了吗？／这个还有点儿生。　　　▸ このさかな

☐ 4 非常抱歉，马上给您重新做。　　　▸ もうしわけございません

☐ 5 这个杯子这里有点儿脏…。　　　▸ このグラス

☐ 6 真对不起，马上给您换一个。　　　▸ もうしわけございません

☐ 7 这个我没点。／这个我没要。　　　▸ これ

☐ 8 〈出什么差错时〉实在对不起。　　　▸ しつれい

## 应对客人的不满

> 应对客人的不满时，要先认真地听顾客说，是什么地方出了问题。如果是店方的问题，即使不是你的过错，也要当成是自己的错，诚心地向客人道歉。根据事情的大小，有必要当场马上向上司或店长汇报，以征求应对措施。

**接待服务注意要点**

【お客様】あのう、中に虫が入ってるみたいなんですが…。
Anō, naka ni mushi ga haitteru mitai na n desu ga….

申し訳ございません。すぐに新しいものをお持ちします。
Mōshiwake gozaimasen. Suguni atarashī mono o o-mochi shimasu.

【お客様】この魚、ちゃんと火が通ってるんですか。／これ、ちょっと生焼けっぽいんですが。
Kono sakana, chanto hi ga tōtteru n desu ka?
/Kore, chotto namayake ppoi n desu ga.

＊ちゃんと：好好的　＊(火が)通る：烤好　＊生焼け：没烤熟

申し訳ございません。すぐに作りなおしてまいります。
Mōshiwake gozaimasen. Suguni tsukuri naoshite mairimasu.

【お客様】このグラス、ここが汚れてるんですが……。
Kono gurasu, koko ga yogoreteru n desu ga….

申し訳ございません。すぐにお取り替えいたします。
Mōshiwake gozaimasen. Suguni o-torikae itashimasu.

【お客様】これ、注文してません。／これ、頼んでないんだけど……。
Kore, chūmon shitemasen. / Kore, tanondenai n da kedo….

〈何かミスをしたとき〉失礼いたしました。
〈nanika misu o shita toki〉Shitsurē itashimashita.

# Unit 13

## 飲食店の基本⑬
### 饮食店的基本用语⑬
～应对客人的不满(2)～

记住基本的不满表现及其对应用语。

CD-1 30

☐ 1 这个不是我要的啊！ ▸ これ

☐ 2 实在抱歉，马上给您换。 ▸ もうしわけございません
　　● 换→取り替える

☐ 3 已经等了30分钟了，还没好吗？ ▸ もうさんじゅっぷん いじょう

☐ 4 我要的一个也没上来啊…。 ▸ ちゅうもんしたもの

☐ 5 实在对不起，现在正在做，请您再稍等一下。 ▸ もうしわけございません

☐ 6 〈订货遗漏的指摘〉好像不是按排号叫啊…。 ▸ じゅんばん

☐ 7 真对不起，我马上确认一下。 ▸ もうしわけございません

## 拥挤时容易出错

**接待服务注意要点**

客人多的时候，容易出错。为了防止漏掉客人点的菜，一定要复述一下，做好确认。还要留心服务是否到位，要时常观察各个餐桌上的状况。

---

### これ、注文したものと違うんですが……。
Kore, chūmon shita mono to chigau n desu ga….

### 申し訳ございません。すぐにお取り替えいたします。
Mōshiwake gozaimasen. Suguni o-torikae itashimasu.

### もう30分以上待ってるんですが、まだですか。
Mō sanjuppun ijō matteru n desu ga, mada desu ka?

### 注文したものが全然来ないんですが……。
Chūmon shita mono ga zenzen konai n desu ga….

### 申し訳ございません。ただいまお作りしておりますので、もう少々お待ちください。
Mōshiwake gozaimasen. Tadaima o-tsukuri shite orimasu node, mō shōshō o-machi kudasai.

### 〈注文漏れの指摘〉

### 順番、抜かされているみたいなんですが……。
〈Chūmon more no shiteki〉
Junban, nukasareteiru mitai na n desu ga….

＊抜かす：遗漏

### 申し訳ございません。ただいま確認いたします。
Mōshiwake gozaimasen. Tadaima kakunin itashimasu.

# Unit 14

## 飲食店の基本⑭
（いんしょくてん　きほん）

### 饮食店的基本用语⑭
〜其他〜

记住关店前常用语。

**CD-1 31**

- [ ] 1　这店开到几点？　　　　　　　　　　　　　▶おみせは

- [ ] 2　10点关店，点菜到9点。　　　　　　　　　▶じゅうじへいてん

- [ ] 3　已经到了最后的点菜时间了，您还要点什么吗？　▶おしょくじの

- [ ] 4　店里人很多，能不能请您移动下座位？　　　▶てんない

- [ ] 5　剩下的可以打包吗？　　　　　　　　　　　▶のこった

- [ ] 6　好的，那给您装到别的容器里。　　　　　　▶はい

- [ ] 7　非常抱歉，为了食品卫生安全，不能给您打包带回去。　▶おそれいりますが

## 厕所是店铺的一面镜子

**接待服务注意要点**

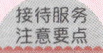

像便利店那样的小店，工作人员要清扫厕所。也许有人没有清扫过自家以外的厕所，可是，厕所是店铺的一面镜子！要好好清扫干净。

---

お店は何時までですか。
O-mise wa nan-ji made desu ka?

10時閉店で、ラストオーダーは9時半です。
Jū-ji hēten de, rasuto ōdā wa ku-ji han desu.

お食事のラストオーダーのお時間ですが、ご注文はいかがなさいますか。
O-shokuji no rasuto ōdā no o-jikan desu ga, go-chūmon wa ikaga nasaimasu ka.

店内が大変込み合ってきましたので、席をお移りいただいてもよろしいでしょうか。
Tennai ga taihen komiatte kimashita node, seki o o-utsuri itadaite mo yoroshī deshō ka?

残った料理の持ち帰りはできますか。
Nokotta ryōri no mochikaeri wa dekimasu ka?

＊持ち帰り：帯回

はい。では、別の容器にお入れします。
Hai. Dewa, betsu no yōki ni o-ire shimasu.

恐れ入りますが、食品衛生上、お持ち帰りはお断りしております。
Osoreirimasu ga, shokuhin ēsē jō, o-mochikaeri wa o-kotowari shite orimasu.

# Unit 15

## ファーストフード店①

**快餐店①**
～汉堡之类的店(1)～

记住在汉堡之类店的柜台服用语。

**CD-1 32**

- [ ] 1　下一位，请。　　　　　　　　　　　　　　　　　▶ おつぎ

- [ ] 2　您是在店里用餐还是要带走？　　　　　　　　　　▶ てんない

- [ ] 3　在店里吃。／带走。　　　　　　　　　　　　　　▶ てんない

- [ ] 4　〈关于套餐菜单〉
     饮料请从这里选。　　　　　　　　　　　　　　　▶ おのみもの

- [ ] 5　您要的是 ABC 套餐，芝士汉堡、炸薯条和
     小杯饮料。您还要别的吗？　　　　　　　　　　　▶ エービーシー

- [ ] 6　这是限时菜单。　　　　　　　　　　　　　　　　▶ こちらは
     ● 限时→期間限定
     　　　　き　かんげんてい

- [ ] 7　喝的要什么？　　　　　　　　　　　　　　　　　▶ おのみもの

- [ ] 8　您要多大的杯子？　　　　　　　　　　　　　　　▶ サイズ

## 用洪亮的声音

接待服务
注意要点

快餐店要求的是快，按照作业章程，常说的惯用句要说得有节奏。同时还要面带微笑，声音洪亮，这也是很重要的。

お次のお客様、どうぞ。
O-tsugi no o-kyaku sama, dōzo.

店内でお召し上がりですか。お持ち帰りですか。
Tennai de o-meshiagari desu ka? O-mochikaeri desu ka?

店内で。／持ち帰りで。
Tennai de. / Mochikaeri de.

〈セットメニューについて〉
お飲み物はこちらからお選びください。
〈setto menyū ni tsuite〉
O-nomimono wa kochira kara o-erabi kudasai.

ABCセットで、チーズバーガーとポテトのＳとコーラ。ご注文は以上でよろしいでしょうか。
Ēbīshī setto de, chīzubāgā to poteto no esu to kōra. Go-chūmon wa ijō de yoroshī deshō ka?

こちらは期間限定のメニューでございます。
Kochira wa kikan gentē no menyū de gozaimasu.

お飲み物はいかがですか。
O-nomimono wa ikaga desu ka?

サイズはどちらになさいますか。
Saizu wa dochira ni nasaimasu ka?

# Unit 16 ファーストフード店②

**快餐店②**
~汉堡之类的店(2)~

记住在汉堡之类店的柜台服用语。

**CD-1 33**

☐ 1　要加炸薯条吗？　　　　　　　　　　　　▸ ごいっしょ

☐ 2　请您先交钱可以吗？　　　　　　　　　　▸ おさき

☐ 3　可以用这个优惠券吗？　　　　　　　　　▸ この

☐ 4　对不起，这已经过期了。　　　　　　　　▸ おそれいります
　　　● 过期了→有効期限が切れた

☐ 5　砂糖和咖啡伴侣在那边。　　　　　　　　▸ おさとう

☐ 6　请您拿上这个排号，到您座位上等候。　　▸ こちらの
　　　● 排号→番号札

☐ 7　好了喊您的号码。　　　　　　　　　　　▸ できましたら

☐ 8　5号的顾客！！对不起，让您久等了。　　▸ 5ばんの

## 「お先にお会計を…」

接待服務注意要点

2的「お先に」表示「商品を渡す前に先に会計をすること／在商品递交之前先结帐」的意思。不言而喻，说「お先にお会計をさせていただきます／先请您结帐」也是很客套的，一般经常使用。

---

ご一緒にポテトはいかがですか。
Go-issho ni poteto wa ikaga desu ka?

お先にお会計をお願いしてもよろしいでしょうか。
O-saki ni o-kaikē o onegai shitemo yoroshī deshō ka?

このクーポンは使えますか。
Kono kūpon wa tsukaemasu ka?

＊クーポン：优惠券

恐れ入ります。こちらは有効期限が切れております。
Osoreirimasu. Kochira wa yūkōkigen ga kirete orimasu.

お砂糖とミルクはあちらにございます。
O-satō to miruku wa achira ni gozaimasu.

こちらの番号札をお持ちになって、お席のほうでお待ちください。
Kochira no bangōfuda o o-mochi ni natte, o-seki no hō de o-machi kudasai.

できましたら、番号をお呼びいたします。
Dekimashitara, bangō o o-yobi itashimasu.

5番のカードをお持ちのお客様、お待たせいたしました。
Go-ban no kādo o o-mochi no o-kyaku sama, o-matase itashimashita.

# Unit 17

## ファーストフード店 ③

**快餐店 ③**

～乌冬面店、荞麦面店、牛肉饭～

记住在顾客较多的乌冬面、荞麦面、牛肉饭的连锁店的常用服务用语。

□ 1　您要乌冬面还是要荞麦面？　　　　　▶ うどんとそば

□ 2　您要热荞麦还是冷荞麦？　　　　　　▶ あたたかいそば

□ 3　过会儿喊您的号码，请您到座位上等候。　▶ ばんごうで

□ 4　请点吧。　　　　　　　　　　　　　▶ ごちゅうもん

□ 5　来一个普通的牛肉饭。／来一个普通的。　▶ ぎゅうどん
　　● 普通的→並
　　　　　　なみ

□ 6　来一份普通的。／那，来碗普通的。　▶ ぎゅうどん

□ 7　请少放点儿饭。／饭少来点儿。　　　▶ ごはん

□ 8　牛肉多来点儿，饭少点儿。　　　　　▶ ぎゅうどん

第2章　飲食店

## 专业术语

接待服务
注意要点

在牛肉饭快餐馆点菜时，多使用比较短的惯用句。以这个行业有特征的语言为重点，记住经常使用的语句。

---

うどんとそば、どちらになさいますか。
*Udon to soba, dochira ni nasaimasu ka?*

---

温かいそばと冷たいそば、どちらになさいますか。
*Atatakai soba to tsumetai soba, dochira ni nasaimasu ka?*

---

番号でお呼びしますので、お席でお待ちください。
*Bangō de o-yobi shimasu node, o-seki de o-machi kudasai.*

---

ご注文、どうぞ。
*Go-chūmon, dōzo.*

---

牛丼の並、ください。／並、ください。
*Gyūdon no nami, kudasai. / Nami, kudasai.*

＊並：一般的

---

牛丼の並で。／じゃあ、並で。
*Gyūdon no nami de. / Jā, nami de.*

---

ご飯は少なめにしてください。／ご飯、少なめで。
*Gohan wa sukuname ni shite kudasai. / Gohan, sukuname de.*

---

牛丼、大盛りで。ご飯、少なめでお願いします。
*Gyūdon, ōmori de. Gohan, sukuname de onegaishimasu.*

# Unit 18

## 居酒屋①
## 喝酒店①
~点酒(1)~

记住有关酒及饮料的点法等基本表现。

**1** 先问您喝的要什么？ ▸ まず

**2** 先来两瓶啤酒，四个杯子。 ▸ とりあえず
- 先→とりあえず

**3** 生啤来两个大的，三个中的。 ▸ なまビール

**4** 生啤酒四个，可乐和乌龙茶各一个，还要别的吗？ ▸ なまが
- 各→それぞれ

**5** 烧酒都有什么？ ▸ しょうちゅう

**6** 有米做的、红薯做的、荞麦做的、还有麦子做的，都有。 ▸ こめ

**7** 来一杯烧酒加热水。 ▸ しょうちゅう

**8** 来一杯苏打威士忌和柠檬沙瓦。 ▸ ちゅうハイ

## 重复一遍再确认

> 接待服务
> 注意要点

在小酒馆，酒的种类很多，因个人所好，点菜的方式也是各种各样。还有很多成伙来的客人，所以客人点菜时一定要重复一遍，再次确认。

---

### まず、お飲み物のご注文をお伺いします。
*Mazu, o-nomimono no go-chūmon o o-ukagai shimasu.*

### とりあえずビール２本とグラスを４つください。
*Toriaezu bīru ni-hon to gurasu o yottsu kudasai.*

### 生ビールの大を２つと中を３つください。
*Nama bīru no dai o futatsu to chū o mittsu kudasai.*

### 生が４つ、コーラとウーロン茶がそれぞれ１つ、以上でよろしいでしょうか。
*Nama ga yottsu, kōra to ūroncha ga sorezore hitotsu, ijō de yoroshī deshō ka?*

### 焼酎は何がありますか。
*Shōchū wa nani ga arimasu ka?*

### 米、芋、そば、麦、それぞれございます。
*Kome, imo, soba, mugi, sorezore gozaimasu.*

### 焼酎のお湯割りをください。
*Shōchū no oyuwari o kudasai.*

＊お湯割り：烧酒加热水

### 酎ハイとレモンサワーをください。
*Chūhai to remon sawā o kudasai.*

＊酎ハイ：烧酒加苏打水

第二章　飲食店

# Unit 19 居酒屋②
**喝酒店②**
~点酒(2)~

记住有关酒及饮料的点法等基本表现。

**CD-1 36**

1. 日本酒和葡萄酒哪个度数高？　　　　　▶ にほんしゅ
   - 酒精→アルコール

2. 度数都差不多。　　　　　▶ アルコール

3. 日本酒是14度，红葡萄酒是11到14度，白葡萄酒是7到14度。　　　　　▶ にほんしゅ

4. 酒您要热的还是冷的。　　　　　▶ おさけ

5. 要冷的。　　　　　▶ ひや

6. 请来温的。　　　　　▶ ぬるめ

7. 来杯红葡萄酒。　　　　　▶ グラスワイン

8. 我想要瓶葡萄酒，请把菜单儿给我看看。　　　　　▶ ワイン

第2章　飲食店

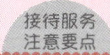

## 「燗」和「冷や」

接待服務
注意要点

給酒加熱說「燗にする」，或者說「熱燗にする」。冷酒的話說「冷や」。哪種說法都僅限於點日本酒時使用。

日本酒とワインは、どっちのほうがアルコール度数が高いですか。
*Nihonshu to wain wa, docchi no hō ga arukōru dosū ga takai desu ka?*

アルコール度数は大体同じくらいです。
*Arukōru dosū wa daitai onaji kurai desu.*

\*大体：大体上／大致

日本酒のアルコール度数が15％くらいで、赤ワインが11～14％、白ワインが7～14％です。
*Nihonshu no arukōru dosū ga jūgo-pāsento kurai de, akawain ga jūichi kara jūyon-pāsento, shirowain ga nana kara jūyon-pāsento desu.*

お酒は熱燗になさいますか、それとも、冷やになさいますか。
*O-sake wa atsukan ni nasaimasu ka, soretomo, hiya ni nasaimasu ka?*

冷やでお願いします。
*Hiya de onegai shimasu.*

ぬるめの燗でお願いします。
*Nurume no kan de onegai shimasu.*

\*ぬるめ：温乎

グラスワインの赤をください。
*Gurasu wain no aka o kudasai.*

ワインをボトルでお願いしたいのですが、メニューを見せてもらえますか。
*Wain o botoru de onegai shitai no desu ga, menyū o misete moraemasu ka?*

第二章　飲食店

# Unit 20 居酒屋③
いざかや

喝酒店③
～点菜与说明(1)～

记住点菜的基本用句。

| | | |
|---|---|---|
| ☐ 1 | 请问您要什么？ | ▶ おりょうり |
| ☐ 2 | 这是什么料理（菜）？／这个是什么菜？ | ▶ これは |
| ☐ 3 | 是蔬菜炒肉。<br>● 炒→炒める | ▶ にく |
| ☐ 4 | 味道有点儿咸。<br>● 味道→味付け | ▶ あじつけ |
| ☐ 5 | 炸鸡肉，鸡肉事先味道调好了。 | ▶ あじつけ |
| ☐ 6 | 有点儿像天麸罗。 | ▶ てんぷら |
| ☐ 7 | 这是放了很多鱼和贝类的火锅，可以暖身。 | ▶ ぎょかいるい |
| ☐ 8 | 这些种类很多的沙拉非常受女性的欢迎。 | ▶ こちらの |

第2章　飲食店

## 有关菜（料理）的単词

接待服务
注意要点

要掌握说明料理的常用语句。比如「焼く／烤」「揚げる／炸」「炒める／炒」「茹でる／焯」「煮る／煮」等。

---

**お料理のご注文をお伺いします。**
O-ryōri no go-chūmon o o-ukagai shimasu.

---

**これはどんな料理ですか。／これって、どんな料理ですか。**
Kore wa donna ryōri desu ka? / Korette, donna ryōri desu ka?

---

**肉と野菜を炒めた料理です。**
Niku to yasai o itameta ryōri desu.

---

**味付けはちょっと辛めです。**
Ajitsuke wa chotto karame desu.

---

**味付けした鳥肉を油で揚げた料理です。**
Ajitsuke shita toriniku o abura de ageta ryōri desu.

---

**天ぷらに似ています。**
Tenpura ni nite imasu.

＊似る：相似

---

**魚介類がたっぷり入った鍋料理です。体も温まります。**
Gyokairui ga tappuri haitta nabe ryōri desu. Karada mo atatamarimasu.

---

**こちらの具だくさんのサラダは女性に人気です。**
Kochira no gudakusan no sarada wa josē ni ninki desu.

第二章　飲食店

# Unit 21

## 居酒屋④
### 喝酒店④
～点菜与说明(2)～

记住点菜的基本用句。

- [ ] 1 先来这些，一会儿再点。 ▶ とりあえず

- [ ] 2 肉是日本产的吗？ ▶ おにく

- [ ] 3 对。用的是鹿儿岛产的最高级的猪肉。 ▶ はい。かごしまけんさん

- [ ] 4 啤酒不用说了，喝葡萄酒也很适合。 ▶ ビールは

- [ ] 5 一碟有几个？ ▶ これは

- [ ] 6 一人的量也足够了。 ▶ いちにんまえ

- [ ] 7 这个拼盘比较合算。 ▶ こちらの

- [ ] 8 喜欢的话，请浇上柠檬汁吃。 ▶ おこのみで

## 「盛り合わせ」

「盛り合わせ」是拼盘的意思。有生鱼片、火腿、奶酪、水果等。

### とりあえず以上で。また注文します。
Toriaezu ijō de. Mata chūmon shimasu.

＊とりあえず：暂时

### お肉は国産ですか。
O-niku wa kokusan desu ka?

### はい。鹿児島県産の最高級の豚肉を使っております。
Hai. Kagoshima-ken san no saikōkyū no butaniku o tsukatte orimasu.

### ビールはもちろん、ワインにもよく合います。
Bīru wa mochiron, wain nimo yoku aimasu.

### これは一皿何個ですか。
Kore wa hitosara nan-ko desu ka?

### 一人前でも、かなりボリュームがあると思います。
Ichi-ninmae demo, kanari boryūmu ga aru to omoimasu.

### こちらの盛り合わせが少しお得になっております。
Kochira no moriawase ga sukoshi o-toku ni natte orimasu.

### お好みでレモンをかけてお召し上がりください。
O-konomi de remon o kakete o-meshiagari kudasai.

# Unit 22

## 居酒屋⑤
### 喝酒店⑤
～其他～

记住吃法、加菜以及套餐说明等用语。

| | | | |
|---|---|---|---|
| ☐ | 1 | 这是酱油，这是酱。 | ▸ こちら |
| ☐ | 2 | 沙拉酱有日本风味的，中国风味的，还有意大利风味的。 | ▸ ドレッシング |
| ☐ | 3 | 〈在座位上开火吃火锅时〉<br>等蔬菜熟了就可以吃了。 | ▸ やさいが |
| ☐ | 4 | 您要加饮料吗？ | ▸ おのみもの |
| ☐ | 5 | 我来撤掉空杯子。 | ▸ あいた |
| ☐ | 6 | 您预算大概是多少呢？<br>● 预算→予算（よさん） | ▸ ごよさん |
| ☐ | 7 | 有一人3000日元酒随便喝的套餐。 | ▸ さんぜんえん |
| ☐ | 8 | 这些是一人4000日元的套餐，三个小时内可以随便喝。 | ▸ こちらの |

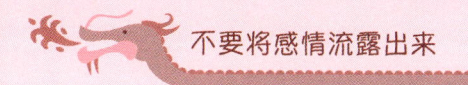

> **不要将感情流露出来**
> 
> 在酒馆，客人想活跃一下跟店员的会话，有时会说得亲昵。你也许会感到不愉快。可是不要表露出你的不高兴，也不要不理睬。不要当真，要适当地随和对方。

**接待服务 注意要点**

### こちらがしょうゆで、こちらがソースです。
Kochira ga shōyu de, kochira ga sōsu desu.

### ドレッシングは和風、中華、イタリアンがございます。
Doresshingu wa wafū, chūka, itarian ga gozaimasu.

### 〈席で鍋を温めて食べるとき〉
### 野菜が柔らかくなったら、食べごろです。
〈seki de nabe o atatamete taberu toki〉Yasai ga yawarakaku nattara, tabegoro desu.

### お飲み物のおかわりはよろしいでしょうか。
O-nomimono no okawari wa yoroshī deshō ka?

### 空いたグラスをお下げします。
Aita gurasu o o-sage shimasu.

### ご予算はだいたいおいくらでしょうか。
Go-yosan wa daitai o-ikura deshō ka?

### 3000円の飲み放題コースもございます。
Sanzen-en no nomihōdai kōsu mo gozaimasu.

### こちらの4000円のコースですと、3時間飲み放題になります。
Kochira no yonsen-en no kōsu desuto, san-jikan nomihōdai ni narimasu.

# Unit 23

## パブ

### 酒吧
～点饮料～

记住在酒吧点酒时的常用语。

☐ 1 「さくら／樱花」来一杯(30ml)要加水。／「ふじ／富士」来两杯（60ml）不加水。　　▶「さくら」の

☐ 2 来杯加苏打水的伏特加。　　▶ ウォッカ

☐ 3 哪个容易喝?　　▶ どれが

☐ 4 这个没什么怪味，很清淡，容易喝。　　▶ こちらは
- 怪味→クセ

☐ 5 度数不大，建议不太能喝酒的女士喝这个。　　▶ アルコール

☐ 6 是女士们受欢迎的鸡尾酒。　　▶ じょせい

☐ 7 下酒菜的菜单在这边。　　▶ おつまみ
- 下酒菜→（お）つまみ

☐ 8 请给我来同样的。　　▶ おなじ

## 「簡単」「やさしい」「~しやすい」「安い」

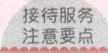

无论日语还是汉语，「易」都具有①「難しくない／不难」和②「Vます形＋やすい／容易V」形式，表示「～の傾向がある／具有～傾向」的意思。在说②时要注意动词的接续不要弄错。另外还要注意不要与「値段が安い／价格便宜」混淆在一起。

### 「さくら」のシングルを水割りでお願いします。／「ふじ」のダブルをロックで。
「Sakura」no shinguru o mizuwari de onegaishimasu. / 「Fuji」no daburu o rokku de.

### ウォッカのソーダ割りをお願いします。
Wokka no soda wari o onegai shimasu.

### どれが飲みやすいですか。
Dore ga nomiyasui desu ka?

＊飲みやすい（酒）：口感好的酒

### こちらはクセがなくさっぱりした味で、飲みやすいです。
Kochira wa kuse ga naku sappari shita aji de, nomiyasui desu.

### アルコールも控えめなので、あまりお酒が強くない方にもおすすめです。
Arukōru mo hikaemenanode, amari o-sake ga tsuyoku nai kata nimo o-susume desu.

＊控えめ：存根

### 女性に人気のカクテルです。
Josē ni ninki no kakuteru desu.

### おつまみのメニューはこちらでございます。
O-tsumami no menyū wa kochira de gozaimasu.

＊おつまみ：下酒的小食品

### 同じものをください。
Onaji mono o kudasai.

# 単語 & ミニフレーズ
## 単词 & 惯用句

**飲食店**

| 塩辛い（しおから） | siokarai 咸的 |
|---|---|
| すっぱい | suppai 酸的 |
| 苦い（にが） | nigai 苦的 |
| 旨み（うま） | umami 甜味 |
| あっさりした | assarisita 味道清淡的 |
| こってりした | kotterisita 味道浓的 |
| 味わう（あじ） | ajiwau 品尝 |
| 味わい（あじ） | ajiwai 味道 |
| 濃い（こ） | koi 浓的 |
| 薄い（うす） | usui 淡的 |
| 濃厚（な）（のうこう） | nōkō(na) 浓厚的 |
| 脂っこい（あぶら） | aburakkoi 油腻的 |
| 甘口（あまくち） | amakuchi 甜味 |
| 辛口（からくち） | karakuchi 辣味 |
| たっぷり | tappuri 充分、足够 |
| 歯ごたえ（は） | hagotae 嚼头、咬劲儿 |
| 香り（かお） | kaori 香味儿 |
| 匂い（にお） | nioi 气味儿 |
| 香ばしい（こう） | kōbashī 芳香、芬芳 |
| 焼きたて（や） | yakitate 刚出炉的 |
| 新鮮（な）（しんせん） | sinsen(na) 新鲜的 |
| 食材（しょくざい） | shokuzai 食材 |
| 生の（なま） | nama no 生的 |
| 塩（しお） | shio 盐 |
| こしょう | koshō 胡椒 |
| みそ | miso 味增 |
| しょうゆ | shōyu 酱油 |
| だし | dashi 昆布汤 |
| にんにく | ninniku 大蒜 |
| しょうが | shōga 姜 |
| わさび | wasabi 芥末 |
| 油（あぶら） | abura 油 |
| たれ | tare 调味汁 |
| つゆ | tsuyu 酱汁 |
| ソース | sōsu （西餐用的）调味汁、沙司 |

| | | | |
|---|---|---|---|
| ケチャップ | kechappu 番茄酱 | ピザ | piza 披萨 |
| マヨネーズ | mayonēzu 蛋黄酱 | サンドイッチ | sandoicchi 三明治 |
| ドレッシング | doresshingu 色拉调味汁 | トースト | tōsuto 烤面包 |
| からし／マスタード | karashi/masutādo 芥末／芥末辣酱油 | ハンバーガー | hanbāgā 汉堡包 |
| 唐辛子（とうがらし） | tōgarashi 辣椒 | フライドポテト | furaidopoteto 薯片 |
| トッピング | toppingu （食品上的）装点 | サラダ | sarada 色拉 |
| 硬い（かた） | katai 硬的 | スープ | sūpu 汤 |
| 柔らかい（やわ） | yawarakai 软的 | チーズ | chīzu 奶酪 |
| みそ汁（しる） | misoshiru 大酱汤 | バター | batā 黄油 |
| 刺身（さしみ） | sashimi 生鱼片 | ジャム | jamu 果酱 |
| 天ぷら（てん） | tenpura 天妇罗 | ビーフ | bīfu 牛排 |
| マグロ | maguro 金枪鱼 | ポーク | pōku 猪肉 |
| サケ | sake 鲑鱼 | ハム | hamu 火腿 |
| エビ | ebi 虾 | ソーセージ | sōsēji 香肠 |
| 貝（かい） | kai 贝类 | フルーツ | furūtsu 水果 |
| 野菜（やさい） | yasai 蔬菜 | デザート | dezāto 甜点 |
| きのこ | kinoko 蘑菇 | プリン | purin 布丁 |
| パスタ | pasuta 意大利面 | ゼリー | zerī 果子冻 |

## 単語 & ミニフレーズ — 飲食店

| 日本語 | ローマ字 | 中国語 |
|---|---|---|
| シャーベット | shābetto | 果子露冰激凌 |
| ジュース | jūsu | 果汁 |
| コーラ | kōra | 可乐 |
| カクテル | kakuteru | 鸡尾酒 |
| 炭酸飲料／炭酸 | tansan'inryō/tansan | 碳酸饮料 |
| ミルク | miruku | 牛奶 |
| ガムシロップ | gamushiroppu | 口香糖果子糖浆 |
| 氷 | kōri | 冰 |
| ストロー | sutorō | 吸管 |
| 茶碗 | chawan | 饭碗 |
| 湯呑 | yunomi | 茶碗、茶杯 |
| れんげ | renge | 调羹汤勺 |
| トレイ | torē | 卫生间 |
| ナプキン | napukin | 纸巾 |
| おしぼり | oshibori | 湿纸巾 |
| 割りばし | waribashi | 一次性筷子 |
| 自家製 | jikasei | 自家制 |
| ヘルシー（な） | herushī(na) | 健康的 |
| カロリー | karorī | 热量 |
| ダイエット | daietto | 减肥 |
| アレルギー | arerugī | 能量 |
| 大盛り | ōmori | 大碗 |
| テイクアウト | teikuauto | 打包 |
| 名物 | meibutsu | 当地的名产 |
| カフェ | kafe | 咖啡 |
| 喫茶店 | kissaten | 咖啡馆 |
| 個室 | koshitsu | 个人房间 |
| 座敷 | zashiki | 日式房间 |
| バイキング | baikingu | 自助餐 |
| セルフサービス | seruhusābisu | 自助服务 |
| 宴会 | enkai | 宴会 |
| 団体客 | dantaikyaku | 团体客人 |
| 席が埋まる | seki ga umaru | 满座 |
| オーダー | ōdā | 点餐 |
| 厨房 | chūbō | 厨房 |
| シェフ | shehu | 厨师 |

# 第3章

## 販売店
### はんばいてん
销售店

販売店の基本①〜⑦／アパレル①〜③／
雑貨店／ドラッグストア①〜④／化粧品店／
スーパー①〜③／家電量販店①〜②

贩卖店基本用语①〜⑦／服装①〜⑥／
杂货店／药店①〜④／化妆品店／
超市①〜③／家电贩卖店①〜②

# Unit 1

## 販売店の基本①
### はんばいてん きほん
**贩卖店基本用语 ①**
～卖场常用的惯用句～

掌握把握卖场气氛等卖场常用的惯用句。

CD-1
41

☐ 1　您要买点儿什么？　　　　　　　　　　▸ なにか

☐ 2　您可以用手拿着看。　　　　　　　　　▸ どうぞ

☐ 3　请您慢慢观赏。　　　　　　　　　　　▸ どうぞ

☐ 4　现在便宜多了。　　　　　　　　　　　▸ たいへん

☐ 5　这是含税的价格。　　　　　　　　　　▸ こちらは

☐ 6　还有别的颜色的。　　　　　　　　　　▸ おいろちがい

☐ 7　有需要帮忙的，请随时叫我。　　　　　▸ なにか
　　● 随时→気軽に
　　　　　　きがる

☐ 8　希望您一定利用这个机会。　　　　　　▸ このきかい

## 不要勉强顾客购物

接待服务注意要点

販売工作容易将"卖"的念头放在首位，可是客人也看服务员的态度。不要忘记要时刻注意顾客的视线。

### 何かお探しですか。
Nanika o-sagashi desu ka?

### どうぞ、お手にとってご覧ください。
Dōzo, o-te ni totte go-ran kudasai.

＊手にとる：实际用手拿

### どうぞ、ごゆっくりご覧ください。
Dōzo, go-yukkuri go-ran kudasai.

### 大変お安くなっております。
Taihen o-yasuku natte orimasu.

### こちらは消費税込みのお値段です。
Kochira wa shōhizē komi no o-nedan desu.

### お色違いもございます。
O-irochigai mo gozaimasu.

＊色違い：样式一样，颜色不同

### 何かございましたら、お気軽にお声をかけてください。
Nanika gozaimashitara, o-kigaru ni o-koe o kakete kudasai.

### この機会をぜひご利用ください。
Kono kikai o zehi go-riyō kudasai.

# Unit 2

## 販売店の基本②
### はんばいてん　きほん

**贩卖店基本用语 ②**

～商品、服务～

掌握商品及服务宣传的基本用语。

CD-1 42

- [ ] 1　这是上个月刚开始销售的新商品。　　▶ こちらは

- [ ] 2　这是本店的独创商品。　　▶ こちらは
  - 本店→当店 (とうてん)

- [ ] 3　这个商品什么时候都不会过时，特别受欢迎。　　▶ こちらは

- [ ] 4　现在开始店内所有商品都减价10%。　　▶ ただいま

- [ ] 5　现在我们在搞入会酬宾活动。　　▶ ただいま

- [ ] 6　实在抱歉，这是减价之外的商品。　　▶ もうしわけ

- [ ] 7　购买1000日元以上的顾客，赠送您抽奖券儿。　　▶ せんえん

- [ ] 8　购买10000日元以上的顾客，赠送您礼品。　　▶ いちまんえん

## 不要选择顾客

**接待服务注意要点**

工作习惯了后，也许能区分哪个顾客有买的意愿，哪个顾客没有买的意愿。尽管如此，不管购买金额的大小都要对顾客一视同仁，这样才能招揽顾客。

### こちらは先月発売されたばかりの新商品でございます。
Kochira wa sengetsu hatsubai sareta bakari no shinshōhin de gozaimasu.

### こちらは当店のオリジナル商品でございます。
Kochira wa tōten no orijinaru shōhin de gozaimasu.

### こちらは定番商品として根強い人気があります。
Kochira wa teiban shōhin toshite nezuyoi ninki ga arimasu.

### ただ今、店内全品が10%オフとなっております。
Tadaima, tennaizenpin ga juppāsento ofu to natte orimasu.

### ただ今、入会キャンペーンを行っております。
Tadaima, nyūkai kyanpēn o okonatte orimasu.

### 申し訳ございません。こちらはセールの対象外でございます。
Mōshiwake gozaimasen. Kochira wa sēru no taishōgai de gozaimasu.

### 1000円以上お買い物をされた方に、抽選券を差し上げております。
Sen-en ijō o-kaimono o sareta kata ni, chūsenken o sashiagete orimasu.

＊差し上げる：「あげる」的自谦语

### 1万円以上お買い上げの方に、粗品をプレゼントしております。
Ichiman-en ijō o-kaiage no kata ni, soshina o purezento shite orimasu.

＊(お)買い上げ：是买的意思。表示对客人的尊重。　　＊粗品：薄礼

# Unit 3

## 販売店の基本 ③
### 販売店基本用语 ③
～库存情况～

掌握库存的确认及商品预订的基本用语。

**CD-1 43**

☐ 1　这个商品现在库里没货了。　　　　　▶ こちらの

☐ 2　这个商品只剩这个了。　　　　　　　▶ こちらの

☐ 3　我去库里查一下，请您稍等。　　　　▶ ざいこ

☐ 4　现在库里没货了，需要预订…。　　　▶ げんざい

☐ 5　预订需要一个星期左右。　　　　　　▶ おとりよせ

☐ 6　2、3天之内预定到货。
　　　● 到货→入荷(にゅうか)する　　　　　　　▶ に、さんにちちゅう

☐ 7　到货后我跟您联系。　　　　　　　　▶ しょうひん

☐ 8　请您填写这张预定单。　　　　　　　▶ こちらの

104

## 商品的订购

**接待服务注意要点**

订购时要问清厂家什么时候到货，再征求顾客的意见。同时还要再次确认颜色及尺寸。

---

**こちらの商品は、現在在庫切れとなっております。**
Kochira no shōhin wa, genzai zaikogire to natte orimasu.

**こちらの商品は、現品のみとなっております。**
Kochira no shōhin wa, genpin nomi to natte orimasu.

**在庫をお調べしますので、少々お待ちください。**
Zaiko o o-shirabeshimasu node, shōshō o-machi kudasai.

**現在、在庫切れで、お取り寄せになってしまいますが……。**
Genzai, zaikogire de, o-toriyose ni natte shimaimasu ga….

＊取り寄せ：预定

**お取り寄せに 1 週間ほどお時間をいただきます。**
O-toriyose ni isshūkan hodo o-jikan o itadakimasu.

**2、3 日中に入荷する予定でございます。**
Ni, san-nichi-chū ni nyūka suru yotē de gozaimasu.

**商品が入り次第、ご連絡をさせていただきます。**
Shōhin ga hairi shidai, go-renraku o sasete itadakimasu.

＊～次第：要看～

**こちらの注文票にご記入をお願いいたします。**
Kochira no chūmonhyō ni go-kinyū o onegai itashimasu.

# Unit 4

## 販売店の基本 ④
### はんばいてん きほん
**贩卖店基本用语 ④**
～商品包装～

掌握在收款处有关商品包装应对的基本语句。

**CD-1 44**

□ 1　这是送人的礼物还是您自己用？　　　▶ こちらは
　　● 礼品→贈り物
　　　　　　おく もの

□ 2　给您作为礼品包装一下吧？　　　　　▶ ギフトよう

□ 3　包装盒需要200日元，可以吗？　　　▶ おはこだい

□ 4　您要分开装吗？　　　　　　　　　　▶ ふくろ

□ 5　包装纸有三种，您要哪种？　　　　　▶ ほうそうよう

□ 6　您还可以使用赠言卡，您要吗？　　　▶ メッセージカード
　　● 附加→付ける（お付けする）
　　　　　　 つ　　　　　　 つ

□ 7　要写上您的名字吗？　　　　　　　　▶ のし

□ 8　这样可以吗？　　　　　　　　　　　▶ こんな

哪个 — 接待服务注意要点

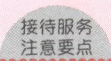

从三个以上中选择时，通常用「どれ」，可是想表达更客气的语气时更多使用「どちら」。

---

こちらは贈り物でしょうか。それともご自宅用でしょうか。
Kochira wa okurimono deshō ka? Soretomo go-jitaku-yō deshō ka?

---

ギフト用にお包みいたしましょうか。
Gifuto-yō ni o-tsutsumi itashimashō ka?   ＊ギフト：礼品

---

お箱代として200円いただきますが、よろしいでしょうか。
O-hako-dai toshite nihyaku-en itadakimasu ga, yoroshī deshō ka?

---

袋は別になさいますか。
Fukuro wa betsu ni nasaimasu ka?

---

包装用の紙は3種類ございますが、どちら（どれ）がよろしいですか。
Hōsō-yō no kami wa san-shurui gozaimasu ga, dochira(dore) ga yoroshī desu ka?

---

メッセージカードをお付けすることもできますが、いかがなさいますか。
Messējikādo o o-tsuke suru koto mo dekimasu ga, ikaga nasaimasu ka?

---

のしをお付けしますか。
Noshi o o-tsuke shimasu ka?   ＊のし：赠送礼品时写赠送人名字的纸

---

こんな感じでよろしいでしょうか。
Konna kanji de yoroshī deshō ka?

# Unit 5 販売店の基本⑤
## 贩卖店基本用语⑤
～商品的邮寄～

掌握邮寄受理时的说明用语。

**1** 这个我想寄到大阪…。 ▶ これを

**2** 好的。。。寄到大阪邮费要780日元。 ▶ かしこまりました

**3** 根据地区邮费不同。 ▶ はいそう
 ・不同→異なる（異なります）

**4** 您要指定送货日期及时间吗? ▶ おとどけ

**5** 一周之内可以送到。 ▶ いっしゅうかん

**6** 需要冷藏、冷冻的食品，要格外加邮费。 ▶ れいぞうひん

**7** 请在这张单子上写上对方的地址可以吗? ▶ こちらの

**8** 这是邮单的收据。 ▶ こちらが

# 送货服务

顾客在购买礼品的同时，常常还要求邮送。其邮费根据地区及商品的种类而各有不同。这也是选择商品的一个因素。

**これを大阪に送りたいのですが……。**
Kore o Ōsaka ni okuritai no desu ga….

**かしこまりました。・・・大阪ですと、送料は780円でございます。**
Kashikomarimashita. ….Ōsaka desu to, sōryō wa nanahyaku-hachijū-en de gozaimasu.

**配送エリアによって料金が異なります。**
Haisō eria ni yotte ryōkin ga kotonarimasu.

＊エリア：地区

**お届けのお日にちや時間のご指定はございますか。**
O-todoke no o-hinichi ya jikan no go-shitē wa gozaimasu ka?

**1週間以内のお届けになります。**
Isshūkan inai no o-todoke ni narimasu.

**冷蔵品、冷凍品の場合、追加料金を頂戴いたします。**
Rēzōhin, rētōhin no bāi, tsuikaryōkin o chōdai itashimasu.

**こちらの伝票にお届け先をご記入いただけますでしょうか。**
Kochira no denpyō ni o-todoke-saki o go-kinyū itadakemasu deshō ka?

**こちらが伝票の控えになります。**
Kochira ga denpyō no hikae ni narimasu.

＊控え：存根

# Unit 6

## 販売店の基本⑥
### 贩卖店基本用语⑥
～其他、收款处的服务～

掌握在付款处的各种应对及其相关的基本用语。

**CD-1 46**

- [ ] 1 　请下一位顾客，到这边儿来结帐。　　　　▸ おつぎに

- [ ] 2 　把您的东西都一起装在袋子里吧？　　　　▸ そちらの

- [ ] 3 　因为很重，给您用两层袋子装。　　　　　▸ おもい
  - 两层→二 重
  　　　にじゅう

- [ ] 4 　能不能再给我几个装礼品的小袋子？　　　▸ おみやげよう

- [ ] 5 　请给我发票。　　　　　　　　　　　　　▸ りょうしゅうしょ

- [ ] 6 　好的，只写商品的价格可以吗？　　　　　▸ かしこまりました

- [ ] 7 　收件人怎么写？　　　　　　　　　　　　▸ おあてな

- [ ] 8 　欢迎您再次光临。　　　　　　　　　　　▸ またの

110

第3章　販売店

## [お客様／顧客]
きゃくさま

接待服务
注意要点

在招呼客人的时候，应该称呼「お客様」。「あのう」、「ちょっと」这样的称呼是失礼的。

### お次にお待ちのお客様、こちらのレジへどうぞ。
O-tsugi ni o-machi no o-kyaku-sama, kochira no reji e dōzo.

### そちらのお荷物も一緒に袋にお入れいたしましょうか。
Sochira no o-nimotsu mo issho ni fukuro ni o-ire itashimashō ka?

### 重いので、袋を二重にいたします。
Omoi node, fukuro o nijū ni itashimasu.

### お土産用に小さい袋を少しいただけますか。
O-miyage-yō ni chīsai fukuro o sukoshi itadakemasu ka?

### 領収書をお願いします。
Ryōshūsho o onegai shimasu.

### かしこまりました。但し書きはお品代でよろしいでしょうか。
Kashikomarimashita. Tadashigaki wa o-shina-dai de yoroshī deshō ka?

＊但し書き：商品种类（费用名称）

### お宛名はどうなさいますか。
O-atena wa dō nasaimasu ka?

＊（お）宛名：抬头

### またのお越しをお待ちしております。
Mata no okoshi o o-machi shite orimasu.

第三章　销售店

# Unit 7

## 販売店の基本⑦
### 販卖店基本用语⑦
〜退货及讲价的对应〜

掌握对应有关退货及讲价等顾客提出的正当要求的基本用语。

**CD-1 47**

☐ 1 号码弄错了，我想退货…。
● 我想→〜（を）したい
▶ サイズ

☐ 2 我想跟别的换一下…。
▶ ほかの

☐ 3 您带收据了吗？
▶ レシート

☐ 4 您要退货还是要换货？
▶ へんぴん…

☐ 5 减价处理的商品不能退货及换货，请您谅解。
▶ セールひん

☐ 6 这个能不能再便宜点儿，2万日元以内的话我买…。
▶ これ

☐ 7 超出预算了。
▶ よさん

☐ 8 我跟上司商量一下，请您稍等一下。
● 商量→相談する
▶ うえのもの

## 你能正确使用「～てしまう」吗?

如果你做什么出现失误的话，不是用「値段を間違えました／我把价格弄错了」来表达，而是用「値段を間違えてしまいました／我把价格弄错了」这种形式表达。用「～てしまった」这种形式表示，有向顾客「自分の失敗を認めて謝罪する／承认自己的过失并赔礼道歉」的意思。

**接待服务注意要点**

---

**サイズを間違えてしまったので、返品をしたいのですが……。**
Saizu o machigaete shimatta node, henpin o shitai no desu ga….

**ほかのものと交換したいんですが……。**
Hoka no mono to kōkan shitai n desu ga….

**レシートはお持ちでしょうか。**
Reshīto wa o-mochi deshō ka?

**返品されますか、それとも、どれかと交換されますか。**
Henpin saremasu ka, soretomo, doreka to kōkan saremasu ka?

**セール品の場合は、返品や交換には対応いたしかねますので、ご了承ください。**
Sēru-hin no bāi wa, henpin ya kōkan niwa taiō itashikanemasu node, go-ryōshō kudasai.

**これ、もう少し安くなりませんか。２万円を切ったら買うんですが……。**
Kore, mō sukoshi yasuku narimasen ka? Niman-en o kittara kau n desu ga….

**予算をオーバーしているんです。**
Yosan o ōbā shiteiru n desu.

**上の者と相談してきますので、少々お待ちください。**
Ue no mono to sōdan shitekimasu node, shōshō o-machi kudasai.

# Unit 8

## アパレル①
### 服装 ①
～商品的推荐～

记住有关商品的说明及推荐的基本用句。

**CD-2 / 1**

☐ 1　我在找登在这个杂志上的裙子 …。　　　▶ この

☐ 2　您平时穿多大号？　　　▶ おきゃくさま
　　● 平时→普段（ふだん）

☐ 3　有一件这样的我觉得很方便。　　　▶ こういうのが

☐ 4　容易跟各种衣服搭配，很受白领女士的欢迎。　▶ いろいろな

☐ 5　非常适合婚礼及正式场合时穿。　　　▶ けっこんしき

☐ 6　我也有一件，真的很实用。　　　▶ わたしも

☐ 7　这件休闲衫平时穿很方便。　　　▶ こちらの

☐ 8　这种稍短的是今年流行的款式。　　　▶ このように

## 注意穿着形象

因为是卖服装，所以要时刻注意自己的穿着及服装的搭配。观察你的脚（鞋）的顾客也不少，所以注意鞋要擦干净。

### この雑誌に載っているこのスカートを探しているんですが……。
*Kono zasshi ni notteiru kono sukāto o sagashiteiru n desu ga….*

### お客様の普段のサイズはおわかりですか。
*O-kyaku-sama no fudan no saizu wa o-wakari desu ka?*

### こういうのが一着あると便利だと思います。
*Kōiu no ga icchaku aru to benri da to omoimasu.*

### いろいろな服に合わせやすいので、OLに人気があります。
*Iroirona fuku ni awaseyasui node, ōeru ni ninki ga arimasu.*

### 結婚式など、フォーマルな席にぴったりかと思います。
*Kekkonshiki nado, fōmaruna seki ni pittari ka to omoimasu.*

＊フォーマルな：正式な（正式）

### 私も一着持っていますが、とても重宝しております。
*Watashi mo icchaku motteimasu ga, totemo chōhō shite orimasu.*

### こちらのカットソーは普段使いにとても便利ですよ。
*Kochira no kattosō wa fudan zukai ni totemo benri desu yo.*　＊カットソー：针织衫

### このように少し浅めにかぶるのが今年のトレンドです。
*Konoyōni sukoshi asame ni kaburu no ga kotoshi no torendo desu.*　＊トレンド：流行

# Unit 9 アパレル②

## 服装 ②
～料子～

记住有关衣服料子的基本应对语句。

| | | |
|---|---|---|
| ☐ 1 | 您找什么料子的？ | ▶ どのような |
| ☐ 2 | 您喜欢什么颜色的？ | ▶ どのような |
| ☐ 3 | 这个布料是什么料子？ | ▶ このきじ |
| ☐ 4 | 棉50%，化纤50%。 | ▶ めん |
| ☐ 5 | 散热吸汗，凉快舒服。 | ▶ ねつや |
| ☐ 6 | 这个可以用洗衣机洗，便于清洗。 | ▶ こちらは |
| ☐ 7 | 不能用洗衣机洗，得干洗。 | ▶ せんたくき |
| ☐ 8 | 虽然料子很薄，但不透风，比较保暖。 | ▶ うすくて |

## 把握流行

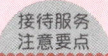

表示布料、颜色及服装种类的词语有很多，其中多数是外来语。要牢牢记住常用的词，还要对流行时常关注，这样才能有自信与顾客会话。

### どのような素材のものをお探しですか。
Donoyōna sozai no mono o o-sagashi desu ka?

＊素材：布料／材料

### どのような色がお好みですか。
Donoyōna iro ga o-konomi desu ka?

＊好み：喜好

### この生地の素材はなんですか。
Kono kiji no sozai wa nan desu ka?

### 綿50％とポリエステル50％でございます。
Men gojuppāsento to poriesuteru gojuppāsento de gozaimasu.

### 熱や汗を逃がすので、涼しくて気持ちがいいんです。
Netsu ya ase o nigasu node, suzushikute kimochi ga ī n desu.

### こちらは洗濯機で洗えますので、お手入れがしやすいです。
Kochira wa sentakuki(sentakki) de araemasu node, o-teire ga shiyasui desu.

### 洗濯機では洗えないので、ドライクリーニングが必要です。
Sentakuki(sentakki) dewa araenai node, doraikurīningu ga hitsuyō desu.

### 薄くて軽い生地ですが、風を通さないので、結構暖かいんです。
Usukute karui kiji desu ga, kaze o tōsanai node, kekkō atatakai n desu.

# Unit 10

## アパレル③

**服装 ③**

～试穿～

记住客人试穿时的应对语句。

□ 1　那儿有镜子。　　　　　　　　　　　▶ あちら

□ 2　您要试穿吗？　　　　　　　　　　　▶ ごしちゃく

□ 3　试衣室在这边儿。　　　　　　　　　▶ しちゃくしつ

□ 4　顾客，您觉得怎么样？　　　　　　　▶ おきゃくさま

□ 5　大小怎么样？／穿着舒服吗？　　　　▶ サイズ

□ 6　腰有点儿紧。　　　　　　　　　　　▶ ちょっと
　　　● 紧→きつい

□ 7　那给您拿大一个号的。　　　　　　　▶ もうひとつ

□ 8　非常适合您穿。　　　　　　　　　　▶ とても

第3章　販売店

## 顧客问「いいですか」时，用「いいですよ」回答是很失礼的 — 接待服务注意要点

当顾客问道「試着してもいいですか／可以试穿吗？」时，用「いいですよ。／可以」来回答会给人一种失礼的印象。应该说「はい、どうぞ／可以，请！」「もちろんです／当然可以」。不能得到许可可的请求时，不说「ダメです」，要先说「申し訳ございませんが…／非常抱歉」，然后再说「～ので、～はご遠慮いただいております／因为～所以～请您能谅解。」用这样的语句来有礼貌地应对顾客。

---

### あちらにお鏡がございます。
Achira ni o-kagami ga gozaimasu.

### ご試着なさいますか。
Go-shichaku nasaimasu ka?

### 試着室はこちらです。
Shichaku-shitsu wa kochira desu.

### お客様、いかがでしょうか。
O-kyaku-sama, ikaga deshō ka?

### サイズはいかがですか。／着心地はいかがですか。
Saizu wa ikaga desu ka? / Kigokochi wa ikaga desu ka?

### ちょっとウエストがきついです。
Chotto uesuto ga kitsui desu.

＊きつい：紧

### もう１つ上のサイズをお持ちします。
Mō hitotsu ue no saizu o o-mochi shimasu.

### とてもお似合いです。
Totemo o-niai desu.

＊（お）似合い：适合

第三章　销售店

# Unit 11

## アパレル ④

### 服装 ④
～颜色、式样～

记住有关颜色、尺寸、服装选择条件的基本用句。

CD-2 / 4

☐ 1　同样款式的有别的颜色吗？／这个有其他颜色的吗？　　▶ おなじ

☐ 2　这是深蓝色和灰色的，还有墨绿色的。　　▶ こちら

☐ 3　还有这种设计简洁的款式。　　▶ こういう

☐ 4　这种花纹不适合我。　　▶ こういう
　　● 适合→似合う

☐ 5　我觉得很适合您 …。　　▶ よく

☐ 6　有S、M、L三个号码。　　▶ エス、エム、エル

☐ 7　要改尺寸吗？　　▶ サイズ

☐ 8　改裤腿儿需要一个来小时。　　▶ おなおし

## 对老年人的称呼

> 接待服务注意要点

日语里有「老人／老人」「お年寄り／上年纪的人」这样的说法，可是，对上年纪的人不失礼的称呼是「ご年配の方」。应该说「ご年配の方にも人気があります／年纪大的也很受欢迎」。

---

**同じデザインで違う色はありますか。／これの色違いはありますか。**
Onaji dezain de chigau iro wa arimasu ka? / Kore no irochigai wa arimasu ka?

---

**こちらは紺とグレー、それからカーキ色がございます。**
Kochira wa kon to gurē, sorekara kāki iro ga gozaimasu.

＊カーキ：土黄色

---

**こういうシンプルなタイプもございます。**
Kōiu shinpuruna taipu mo gozaimasu.

---

**こういう柄は似合わないんです。**
Kōiu gara wa niawanai n desu.

---

**よくお似合いだと思いますが……。**
Yoku o-niai da to omoimasu ga….

---

**S、M、Lの3つのサイズをご用意しております。**
Esu, emu, eru no mittsu no saizu o go-yōi shite orimasu.

---

**サイズ直しはされますか。**
Saizu naoshi wa saremasu ka?

---

**お直しには1時間ほどかかります。**
O-naoshi niwa ichi-jikan hodo kakarimasu.

＊(お)直し：改

# Unit 12

## アパレル ⑤

### 服装 ⑤
～鞋～

记住鞋店用语。

□ 1 我在找一双上班穿的鞋…。 ▶ ビジネス…

□ 2 这鞋又轻又防水，很受欢迎。 ▶ こちらは

□ 3 有41号的吗？／有25.5的吗？ ▶ にじゅうご…

□ 4 脚尖儿有点儿挤…。 ▶ ちょっと

□ 5 那给您拿双比这个大一号的吧？ ▶ では

□ 6 不用了，这鞋前面太尖，好像不合我的脚。 ▶ いえ
● 不用了→合わない

□ 7 这种怎么样？比刚才的宽松点儿。 ▶ こちら

□ 8 〈问女顾客〉鞋跟儿再高点儿的好吧？ ▶ もうすこし

## 对女顾客的考虑

**接待服务注意要点**

女性对衣服的尺寸特别敏感，所以要注意用词得当。比如对稍胖一点顾客因该说「ゆったりした作りになっております／做得比较宽松」「サイズは若干大きめになっております／尺寸要比一般的大一点儿」，这样无意中可以把您也能穿下的意思传达给顾客。

---

**ビジネスシューズを探しているんですが……。**

Bijinesu-shūzu o sagashiteiru n desu ga….

---

**こちらは軽くて、雨にも強いので、人気の商品になっております。**

Kochira wa karukute, ame nimo tsuyoi node, ninki no shōhin ni natte orimasu.

---

**25.5（センチ）はありますか。**

Nijūgo ( Nijūgō ) ten go (-senchi ) wa arimasu ka?

---

**ちょっとつま先のほうがきついんですが……。**

Chotto tsumasaki no hō ga kitsui n desu ga….

---

**では、もうワンサイズ大きいものをお持ちしましょうか。**

Dewa, mō wan saizu ōkī mono o o-mochi shimashō ka?

---

**いえ、この靴は先が細くて、私の足には合わないようです。**

Ie, kono kutsu wa saki ga hosokute, watashi no ashi niwa awanai yō desu.

---

**こちらのタイプはいかがですか。少し幅が広くなっております。**

Kochira no taipu wa ikaga desu ka? Sukoshi haba ga hiroku natte orimasu.

---

**〈女性客に〉 もう少しヒールが高いほうがいいでしょうか。**

〈Josēkyaku ni〉 Mō sukoshi hīru ga takai hō ga ī deshō ka?

# Unit 13

## アパレル⑥
### 服装⑥
～包～

记住买包时商品说明的基本用语。

**CD-2 / 6**

□ 1  我在找上班用的包…。　　　　　　　　　　　　▶ つうきん

□ 2  这包用的是防水材料，下雨也不要紧的。　　　▶ こちらは

□ 3  这包背带儿可以拿下来。　　　　　　　　　　▶ こちらの

□ 4  这是意大利一家老品牌的包，一直在销售，是不过时的商品。　▶ こちらは

□ 5  我在找海外旅行时可以机内携带那样大小的旅行箱。　▶ かいがいりょこう

□ 6  这个系列即轻快又结实，最适合旅行或出差用。　▶ こちらの
　　● 结实→丈夫（な）
　　　　　じょうぶ

□ 7  侧面还带口袋。　　　　　　　　　　　　　　▶ うちがわ

□ 8  设计简洁，又高雅，正式场合也很适合。　　　▶ シンプル
　　● 高雅→上品（な）
　　　　　じょうひん

124

## 洗涤方法

> 顾客常常会问到衣服的洗涤法。「手洗い／手洗」「洗濯機／用洗衣机洗」「丸洗い／全洗洗」「ドライクリーニング／干洗」「アイロン／熨烫」「塩素系漂白剤／氯素系漂白剤」「陰干し／在阴凉处晒干」等，能够说明衣服里标明的洗涤方法。

**通勤に使うビジネスバッグを探しているんですが……。**
Tūkin ni tsukau bijinesu-baggu o sagashite iru n desu ga….

**こちらは水をはじく素材なので、雨が降っても大丈夫です。**
Kochira wa mizu o hajiku sozai nanode, ame ga futte mo daijōbu desu.

**こちらの肩掛けベルトは取り外しができます。**
Kochira no katakake beruto wa torihazushi ga dekimasu.

**こちらはイタリアの老舗メーカーのバッグで、定番のものです。**
Kochira wa Itaria no shinise mēkā no baggu de, tēban no mono desu.

**海外旅行で機内に持ち込めるサイズのスーツケースを探しています。**
Kaigairyokō de kinai ni mochikomeru saizu no sūtsukēsu o sagashite imasu.

**こちらのシリーズは軽くて丈夫で、旅行や出張に最適です。**
Kochira no sirīzu wa karukute jōbu de, ryokō ya shucchō ni saiteki desu.

**内側にもポケットが付いています。**
Uchigawa nimo poketto ga tsuite imasu.

**シンプルで上品なデザインですので、フォーマルな場にもぴったりです。**
Shinpuru de jōhinna dezain desu node, fōmaruna ba nimo pittari desu.

＊ぴったり：正好

# Unit 14 雑貨店
ざっかてん
## 杂货店

掌握商品说明的基本语句。

**CD-2 7**

☐ 1　这个马克杯两个一套。　　　　　　　　　　▸ こちらの

☐ 2　这个闹钟的声音可以从5种声音中选。　　　▸ こちらの

☐ 3　还有同样花纹的枕套。　　　　　　　　　　▸ おなじ

☐ 4　这些都是手工做的装饰。　　　　　　　　　▸ こちらに
　　　● 手工做→手作り
　　　　　　　　てづく

☐ 5　这个吉祥物很有人气，从文具到饭盒、购物袋都有这个吉祥物。　▸ このキャラクター
　　　● 有人气→人気がある
　　　　　　　にんき

☐ 6　这个毛绒玩具是德国制的，按这里还会说话。　▸ このぬいぐるみ

☐ 7　很可爱的化妆包啊。　　　　　　　　　　　▸ かわいい

☐ 8　是的，这是「オデオン」，法国很有人气的品牌系列。　▸ はい

## 各种商品

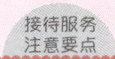

杂货店里有很多装点生活及便利生活的商品。为了能正确地说明每个商品的特点及功能，要从日常中积累每个商品的知识。

---

### こちらのマグカップは二つセットになっております。
Kochira no magukappu wa futatsu setto ni natte orimasu.

---

### こちらの目覚まし時計は、５種類の音が選べるようになっております。
Kochira no mezamashi dokē wa, go-shurui no oto ga eraberu yō ni natte orimasu.

---

### 同じ柄で枕カバーもございます。
Onaji gara de makura kabā mo gozaimasu.

---

### こちらにあるのは、すべて手作りのアクセサリーです。
Kochira ni aru nowa, subete tezukuri no akusesarī desu.

---

### このキャラクターはとても人気がありますので、文房具から弁当箱、エコバッグまで、何でもあるんです。
Kono kyarakutā wa totemo ninki ga arimasu node, bunbōgu kara bentōbako, ekobaggu made, nandemo aru n desu.

---

### このぬいぐるみはドイツ製で、ここを押すとしゃべるんです。
Kono nuigurumi wa Doitsu-sē de, koko o osuto shaberu n desu.  　＊しゃべる：说／聊天

---

### かわいいポーチですね。
Kawaī pōchi desu ne.

---

### はい。こちらは「オデオン」というフランスの人気ブランドのシリーズです。
Hai. Kochira wa "Odeon" toiu Furansu no ninki burando no shirīzu desu.

# Unit 15 ドラッグストア①

**药店①**
~症状~

掌握跟顾客间确认症状的基本用语。

| | | |
|---|---|---|
| □ 1 | 您有什么症状? | ▶ どのような |
| □ 2 | 觉得胃有点儿恶心,想吐。<br>• 恶心→吐き気 | ▶ いが |
| □ 3 | 咳嗽很厉害,晚上也睡不好。 | ▶ せきが |
| □ 4 | 发烧吗? | ▶ ねつは |
| □ 5 | 什么样的疼痛? | ▶ どんな |
| □ 6 | 脑袋像裂开一样。 | ▶ あたまが |
| □ 7 | 〈胃口肚子等处〉像针扎的疼。 | ▶ さすような |
| □ 8 | 有种被紧紧掐住的感觉。 | ▶ キューっと |

## 什么样的症状？

> 记住表示病情症状的常用词语。「がんがん…」表示头里发出巨大声响似的疼痛。「しくしく…」表示肚子疼痛，虽然不那么强烈，但让人感到不舒服，而且疼痛一直持续。

**接待服务注意要点**

### どのような症状ですか。
Donoyōna shōjō desu ka?

### 胃がむかむかして、吐き気がするんです。
I ga mukamuka shite, hakike ga suru n desu.

＊むかむかする：恶心

### 咳がひどくて、夜もあまり寝られないんです。
Seki ga hidokute, yoru mo amari nerarenai n desu.

### 熱はありますか。
Netsu wa arimasu ka?

### どんな痛みですか。
Donna itami desu ka?

### 頭が割れるような感じです。
Atama ga wareru yō na kanji desu.

＊割れる：裂开

### 〈胃やお腹など〉刺すような痛みです。
〈I ya onaka nado〉 Sasu yō na itami desu.

＊刺す：扎

### キューっと締め付けられるような感じです。
Kyūtto shimetsukerareru yō na kanji desu.

# Unit 16

## ドラッグストア②

### 药店②
～药物咨询～

掌握有关药物咨询的基本语句。

1. 这药小孩儿也能服用吗？ ▸ このくすり

2. 5岁以上的话，小孩儿也能服用。 ▸ ごさいいじょう

3. 我想买止泻药…。 ▸ げりどめ

4. 有没有治花粉症的好药？ ▸ かふんしょう

5. 这药效果持续时间长，买的人很多。 ▸ こちらは

6. 服药后可能会发困，开车时请注意。 ▸ くすりを

7. 有小孩儿用的感冒药吗？ ▸ こどもよう

8. 这药对咳嗽、打喷嚏、流鼻涕等感冒初期的症状很有效。 ▸ こちらは

## 随机応変的対応

药妆店根据店铺及时间段，有时顾客会很多。这种情况下，为了保证结帐畅流，会打开别的收款机。那时要对客人说「お次にお待ちのお客様、こちらのレジへどうぞ」(p.111 参照) 并引导顾客。

**この薬は子どもでも飲めますか。**
Kono kusuri wa kodomo demo nomemasu ka?

**5歳以上なら、子どもでも飲めます。**
Go-sai ijō nara, kodomo demo nomemasu.

**下痢止めの薬が欲しいんですが……。**
Geridome no kusuri ga hoshī n desu ga….

**花粉症のいい薬はありませんか。**
Kafunshō no ī kusuri wa arimasen ka?

**こちらは効果が長く続きますので、買われる方が多いです。**
Kochira wa kōka ga nagaku tsuzukimasu node, kawareru kata ga ōi desu.

**薬を飲んだ後、眠くなるかもしれませんので、車の運転には気をつけてください。**
Kusuri o nonda ato, nemukunaru kamoshiremasen node, kuruma no unten niwa ki o tsukete kudasai.

**子ども用の風邪薬はありますか。**
Kodomo-yō no kaze-gusuri wa arimasu ka?

**こちらは、咳やくしゃみ、鼻水など風邪の初期症状によく効きます。**
Kochira wa, seki ya kushami, hanamizu nado, kaze no shokishōjō ni yoku kikimasu.

# Unit 17

# ドラッグストア③

## 药店③
〜药品说明〜

掌握有关药品及其服用说明的基本用句。

| | | | |
|---|---|---|---|
| ☐ | 1 | 这种是药片。／这种是胶囊。 | ▶ こちらは |
| ☐ | 2 | 这种液体的效果很快。 | ▶ こちらの |
| ☐ | 3 | 几乎没有副作用。 | ▶ ふくさよう |
| ☐ | 4 | 您有药物过敏吗？ | ▶ くすり |
| ☐ | 5 | 这个眼药水对花粉症等过敏症状很有效。 | ▶ このめぐすり |
| ☐ | 6 | 对胃的刺激几乎没有。 | ▶ いへの |
| ☐ | 7 | 一天服用三次，请饭后服用。<br>● 饭后→食後に | ▶ いちにち |
| ☐ | 8 | 请不要空腹时服用。 | ▶ くうふくじ |

> 根据季节畅销的商品有所不同。

**接待服务注意要点**

春天花粉时期有抑制花粉过敏的药，夏天有治被虫叮的药及杀虫剂，冬天有携带火炉等。这些都是季节商品，种类也很多。要能介绍畅销商品及说明其不同之处。

### こちらは錠剤でございます。／こちらはカプセルでございます。
*Kochira wa jōzai de gozaimasu. / Kochira wa kapuseru de gozaimasu.*

### こちらの液体の薬は効き目が早いです。
*Kochira no ekitai no kusuri wa kikime ga hayai desu.*

＊効き目：效力

### 副作用もほとんどありません。
*Fukusayō mo hotondo arimasen.*

### 薬のアレルギーはございますか。
*Kusuri no arerugī wa gozaimasu ka?*

### この目薬は、花粉などのアレルギー症状にも効果があります。
*Kono me-gusuri wa, kafun nado no arerugī shōjō nimo kōka ga arimasu.*

### 胃への負担はほとんどありません。
*I eno futan wa hotondo arimasen.*

＊負担：负担

### 一日3回、食後に服用するようにしてください。
*Ichinichi san-kai, shokugo ni fukuyōsuru yō ni shite kudasai.*

### 空腹時には飲まないでください。
*Kūfukuji niwa nomanaide kudasai.*

# Unit 18

## ドラッグストア④

### 药店④
～其他～

掌握包括化妆品在内，有关药妆店的各种基本用语。

**CD-2 11**

□ 1 我在找防晒水…。 ▶ ひやけどめ

□ 2 您是擦在脸上还是擦在身上？ ▶ かおよう
　● 还是→それとも

□ 3 过敏性皮肤的人推荐您用这个系列。 ▶ びんかんはだ

□ 4 不含酒精，不伤皮肤。 ▶ アルコール

□ 5 这是只含天然成分的化妆品。 ▶ てんねん…

□ 6 这个药是需要医生开处方的，我们店里不销售。 ▶ これは

□ 7 今天赠送您几个樱花化妆品的试用品。 ▶ ほんじつ

□ 8 今天的积分是平时的10倍，希望您能利用。 ▶ ほんじつは

## 「さらさら」「しっとり」

接待服务注意要点

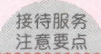

药妆店里护发的商品很多。要记住说明头发的状态及商品效果的词语，如「さらさら、しっとり、つやつや、うるおい、ダメージケア」等。

---

日焼け止めのローションを探しているんですが……。
Hiyakedome no rōshon o sagashiteiru n desu ga….

顔用でしょうか、それともボディ用でしょうか。
Kao-yō deshō ka, soretomo bodhī-yō deshō ka?

敏感肌の方には、こちらのシリーズをお勧めしています。
Binkanhada no kata niwa, kochira no shirīzu o o-susume shite imasu.

アルコールを含まない、肌にやさしいタイプです。
Arukōru o fukumanai, hada ni yasashī taipu desu.

天然成分だけを使った化粧品です。
Tennen seibun dake o tsukatta keshōhin desu.

これは処方せんが必要なお薬で、うちではお取り扱いをしておりません。
Kore wa shohōsen ga hitsuyō na o-kusuri de, uchi dewa o-toriatsukai o shite orimasen.

本日、さくら化粧品の無料サンプルを差し上げております。
Honjitsu, sakura keshōhin no muryō sanpuru o sashiagete orimasu.

本日はポイントが10倍になります。ぜひご利用ください。
Honjitsu wa pointo ga jū-bai ni narimasu. Zehi go-riyō kudasai.

第三章　销售店

# Unit 19 化粧品店
## 化妆品店

掌握有关常用化妆品的基本用语。

☐ 1 我在找夏天用的粉底（霜）。 ▸ なつに

☐ 2 这个粉底（霜）即使出汗也会不掉妆。 ▸ こちらの

☐ 3 这个防紫外线系列，防晒效果特别好。 ▸ こちらの
● 特別→特に

☐ 4 抗皱祛斑，还有美白效果。 ▸ シワ

☐ 5 有没有干燥皮肤用的化妆水？ ▸ かんそうはだよう

☐ 6 化妆水、乳液还有美容霜为一套，很合算。 ▸ けしょうすい

☐ 7 这个洗面奶清洁力强，保湿效果也好。 ▸ こちらの

☐ 8 洗完脸后，也能保持皮肤的湿润。 ▸ せんがんご

## 「スキンケア」「オイル」…

化妆品行业用的专业术语比较多。像「スキンケア／护肤」「オイル／化妆油」「クリーム／美容霜」等外来词很多，要边整理边记住。

---

**夏に使うファンデーションを探しているんですが。**
Natsu ni tsukau fandēshon o sagashiteiru n desu ga.

**こちらのファンデーションは、汗をかいてもお化粧が崩れにくいんです。**
Kochira no fandēshon wa, ase o kaitemo o-keshō ga kuzurenikui n desu.

＊汗をかく：出汗

**こちらのUVカットシリーズは、特に紫外線を防ぐ効果の高いものです。**
Kochira no yūbui-katto shirīzu wa, tokuni shigaisen o fusegu kōka no takai mono desu.

**シワやシミを防ぎ、さらに美白効果もあります。**
Shiwa ya shimi o fusegi, sarani bihaku kōka mo arimasu.

**乾燥肌用の化粧水はありませんか。**
Kansōhada-yō no keshōsui wa arimasen ka?

**化粧水と乳液、それからクリームがセットになって大変お買い得です。**
Keshōsui to nyūeki, sorekara kurīmu ga setto ni natte taihen o-kaidoku desu.

＊（お）買い得：合算

**こちらの洗顔料は、汚れをすっきり落として保湿効果も高いので、おすすめです。**
Kochira no senganryō wa, yogore o sukkiri otoshite hoshitsu kōka mo takai node, o-susume desu.

＊すっきり：爽快

**洗顔後も、しっかり肌の潤いを保ってくれます。**
Sengan-go mo, shikkari hada no uruoi o tamotte kuremasu.

# Unit 20 スーパー①

**超市①**

记住在收款处使用的基本用语。

□ 1　让您久等了。欢迎光临。　　　　　　　▶ おまたせ…

□ 2　给您装到袋子里可以吗？／您要袋子吗？　▶ ふくろ

□ 3　您要筷子吗？／给您放双筷子吧？　　　　▶ おはし

□ 4　要保鲜冰吗？　　　　　　　　　　　　　▶ ほれいざい

□ 5　您有 ABC 卡儿吗？　　　　　　　　　　 ▶ エービーシーカード

□ 6　〈买烟酒时〉
　　  请您在画面上点一下您的年龄。　　　　　▶ がめん

□ 7　袋子要分开装吗？　　　　　　　　　　　▶ ふくろ

□ 8　也可以利用这样的商品券。（不过不能找您钱，可以吗。）　▶ こちら

## 环保

如果顾客在购物时说不要商品袋时，要对顾客说「ありがとうございます」，以此对顾客的环保协助表示感谢。

---

お待たせいたしました。いらっしゃいませ。
Omatase itashimashita. Irasshaimase.

---

袋にお入れしてよろしいでしょうか。／袋はご入用でしょうか。
Fukuro ni o-ireshite yoroshīdeshō ka? / Fukuro wa go-iriyō deshō ka?

＊（ご）入用：需要

---

お箸はお付けしますか。／お箸をお付けしましょうか。
O-hashi wa o-tsuke shimasu ka? / O-hashi o o-tsuke shimashō ka?

---

保冷剤はご利用になりますか。
Horēzai wa go-riyō ni narimasu ka?

---

ABCカードをお持ちでしょうか。
Ēbīshī kādo o o-mochi deshō ka?

---

〈酒やタバコについて〉
画面の年齢認証にタッチをお願いいたします。
〈sake ya tabako ni tsuite〉
Gamen no nenrē ninshō ni tacchi o onegai itashimasu.

---

袋は別にいたしますか。
Fukuro wa betsu ni itashimasu ka?

---

こちらの商品券もご利用になれます。（おつりは出ませんが、よろしいですか。）
Kochira no shōhinken mo go-riyō ni naremasu. (Otsuri wa demasen ga, yoroshī desu ka?)

# Unit 21

## スーパー②
### 超市②

记住结帐时使用的基本语句。

**1** 一共 850 日元。 ▶ おかいけい

**2** 收您 450 日元，正好。 ▶ よんひゃくごじゅうえん

**3** 找您 550 日元，请您点好。 ▶ ごひゃくごじゅうえん

**4** 收您 10000 日元。 ▶ いちまんえん

**5** 先找您 9000 日元。 ▶ おさきに

**6** 再找您 250 日元。 ▶ おあと

**7** 谢谢。欢迎再次光临。 ▶ ありがとう…

## 不要说得太快

接待服务注意要点

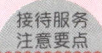

当工作熟练后，像「ありがとうございました」「またお越しくださいませ」等频繁使用的句子会自然地脱口而出。可是，说得太快了，顾客会听不清楚。注意要尽心，说得要清楚。

お会計、850円でございます。
O-kaikē, happyaku gojū-en de gozaimasu.

450円ちょうどいただきます。
Yon'hyaku gojū-en chōdo itadakimasu.

550円のお返しでございます。お確かめください。
Gohyaku gojū-en no o-kaeshi de gozaimasu. O-tashikame kudasai.

＊(お)返し：找钱

1万円お預かりいたします。
Ichiman-en o-azukari itashimasu.

お先に9000円のお返しでございます。
O-saki ni kyūsen-en no o-kaeshi de gozaimasu.

お後、250円のお返しでございます。
O-ato, nihyaku gojū-en no o-kaeshi de gozaimasu.

ありがとうございました。またお越しくださいませ。
Arigatōgozaimashita. Mata o-koshi kudasaimase.

# Unit 22 スーパー③
## 超市③

记住有关商品的摆放处及减价等的基本用句。

1. 对不起,胡椒在什么地方? ▶ すみません

2. 在那边儿的架子上边儿。 ▶ あちらの

3. 对不起,这个商品一人只能买一个。 ▶ おそれいります

4. 价格全部都含税。 ▶ かかく
   • 全部→すべて、全部(ぜんぶ)

5. 这是减价后的价格吗? ▶ これ

6. 不是,这是减价前的价格。在收款处给您减价。 ▶ いえ

7. 实在抱歉,今天的特销商品已经卖完了。 ▶ おそれいります

8. 之后从下午5点开始减价。 ▶ このあと
   • 过后→この後(あと)、これから

第3章 販売店

## 指引地方

接待服务
注意要点

因为超市很大，当被问到商品的存放处时，要说「ご案内いたします／我陪您去」，并陪顾客到商品所在处附近，年纪大的顾客有时看不清商品的价格。

### すみません、こしょうはどこにありますか。
Sumimasen, koshō wa doko ni arimasu ka?

### あちらの棚の上段にございます。
Achira no tana no jōdan ni gozaimasu.

### 恐れ入ります。こちらの商品は、お一人様お一つとさせていただいております。
Osoreirimasu. Kochira no shōhin wa, o-hitori-sama o-hitotsu to sasete itadaite orimasu.

### 価格はすべて税込でございます。
Kakaku wa subete zēkomi de gozaimasu.

### これは値引き後の価格ですか。
Kore wa nebiki go no kakaku desu ka?

＊値引き：减价

### いえ、こちらは値引き前の価格です。レジにてお値引きさせていただきます。
Ie, kochira wa nebiki mae no kakaku desu. Reji nite o-nebiki sasete itadakimasu.

### 恐れ入ります。本日の特売品は午前中に売り切れてしまいました。
Osoreirimasu. Honjitsu no tokubaihin wa gozenchū ni urikirete shimaimashita.

### この後、17時からタイムセールを行います。
Konoato, jūshichi-ji kara taimusēru o okonaimasu.

第三章 销售店

# Unit 23 家電量販店①
## 家电贩卖店①

掌握有关家电产品说明的基本用语。

**CD-2 16**

□ 1　这是最新的机型。　　　　　　　　　　　▶ こちら

□ 2　比以前的性能提高了很多。　　　　　　　▶ じゅうらいより

□ 3　跟以前的比，画面更清晰了。　　　　　　▶ じゅうらいモデル
　　● 更→さらに

□ 4　操作也很简单。　　　　　　　　　　　　▶ そうさ

□ 5　装卸简单，也容易保养。　　　　　　　　▶ かんたんに

□ 6　小型，便于携带。　　　　　　　　　　　▶ コンパクトで

□ 7　这两个性能没有太大的变化。　　　　　　▶ このふたつ

□ 8　这个耗电量少，可以节省电费。　　　　　▶ こちらは

## 商品的知识

> 要以机能・便利性、性能、设计、价格・使用成本、售后服务为重点能进行商品特征的说明。但是，因顾客而异，上面的优先顺序也有所不同，请注意。

### こちらは最新の機種でございます。
Kochira wa saishin no kishu de gozaimasu.

### 従来より機能が格段によくなっております。
Jūrai yori kinō ga kakudan ni yoku natte orimasu.

＊格段に：显著

### 従来のモデルに比べ、画質がさらにきれいになっております。
Jūrai no moderu ni kurabe, gashitsu ga sarani kirē ni natte orimasu.

### 操作も簡単です。
Sōsa mo kantan desu.

### 簡単に取り外せるので、お手入れも楽です。
Kantan ni torihazuseru node, o-teire mo raku desu.

＊（お）手入れ：保养

### コンパクトで、持ち運びにも便利です。
Konpakuto de, mochihakobi nimo benri desu.

### この二つは、性能はほとんど変わりません。
Kono futatsu wa, sēnō wa hotondo kawarimasen.

### こちらは消費電力が少ないので、電気代を節約できます。
Kochira wa shōhidenryoku ga sukunai node, denki-dai o setsuyaku dekimasu.

# Unit 24

## 家電量販店②
かでんりょうはんてん
家电贩卖店②

掌握有关商品的保修及顾客服务的基本用语。

**1** 运费及安装免费。　　　　　　　　　　　▸ はいそう

**2** 这个商品不能减价，不过可以用加积分的形式给您优惠。　▸ こちらの

**3** 这个商品带3年延长保修服务。　　　　　　▸ さんねんかん

**4** 保修期间之内，免费为您修理。　　　　　　▸ しょうきかん…

**5** 实在抱歉，保修期过了，修理费用请您个人负担。　▸ おそれいりますが

**6** 需要换零配件，因为型号很旧，零配件已经不生产了。　▸ ぶひん

**7** 您使用时如果有不明白的地方，请打电话给顾客服务中心。　▸ おつかい

**8** 这是顾客专用的免费电话。　　　　　　　　▸ おきゃくさま

## 质量保证

> 接待服务
> 注意要点

商品的保修基本上不是贩卖店，而是厂家。所以在顾客购买商品时，要传达其保修期。

---

配送と設置の費用は無料です。
Haisō to secchi no hiyō wa muryō desu.

---

こちらの商品はお値引きが難しいのですが、ポイントで還元することができます。
Kochira no shōhin wa o-nebiki ga muzukashī no desu ga, pointo de kangen suru koto ga dekimasu.

---

３年間の延長保証をお付けすることもできます。
San-nenkan no enchōhoshō o o-tsuke suru koto mo dekimasu.

---

保証期間内ですので、無料で修理させていただきます。
Hoshōkikan-nai desunode, muryō de shūri sasete itadakimasu.

---

恐れ入りますが、保証期間が切れておりますので、修理代はお客様負担になります。
Osoreirimasu ga, hoshōkikan ga kirete orimasu node, shūri-dai wa o-kyaku-sama futan ni narimasu.

---

部品の交換が必要なんですが、型が古くて、部品自体をもう作っていないそうなんです。
Buhin no kōkan ga hitsuyō na n desu ga, kata ga furukute, buhin jitai o mō tsukutteinai sō na n desu.

---

お使いになって、もしわからないことがあったら、こちらのカスタマーセンターにお電話ください。
O-tsukai ni natte, moshi wakaranai koto ga attara, kochira no kasutamāsentā ni o-denwa kudasai.

---

お客様専用のフリーダイヤルです。
O-kyaku-sama senyō no furīdaiyaru desu.

# 単語 & ミニフレーズ
## 单词 & 惯用句

**販売店** はんばいてん

|  |  |  |  |
|---|---|---|---|
| 木綿（もめん） | momen / 棉 | ワイシャツ | waishatsu / 衬衫 |
| 絹／シルク（きぬ） | kinu/shiruku / 丝绸 | Tシャツ | thishatsu / T恤衫 |
| 麻（あさ） | asa / 麻 | ワンピース | wanpīsu / 连衣裙 |
| ウール | ūru / 毛 | ブラウス | burāsu / 衬衫 |
| カシミヤ | kashimiya / 羊绒 | セーター | sētā / 毛衣 |
| アクリル | akuriru / 化纤 | カーディガン | kādhigan / 开杉 |
| 革（がわ） | kawa / 皮哥 | コート | kōto / 大衣 |
| 長袖（ながそで） | nagasode / 长袖 | 靴下（くつした） | kutsushita / 袜子 |
| 半袖（はんそで） | hansode / 半袖 | ストッキング | sutokkingu / 丝袜 |
| 七分袖（しちぶそで） | shichibusode / 七分袖 | インナー／下着（したぎ） | innā/shitagi / 内衣 |
| ノースリーブ | nōsuribu / 砍袖 | 赤（あか） | aka / 红色 |
| Vネック | buinekku / V字领 | 青（あお） | ao / 蓝色 |
| 丸首（まるくび） | marukubi / 圆领 | 黄色（きいろ） | kīro / 黄色 |
| タンクトップ | tankutoppu / 吊带 | 緑（みどり） | midori / 绿色 |
| タートルネック | tātorunekku / 高领 | ピンク | pinku / 粉红色 |
| スーツ | sūtsu / 西装 | オレンジ | orenji / 橙色 |
| ジャケット | jaketto / 上衣外套 | 茶色（ちゃいろ） | chairo / 茶色 |
| シャツ | shatsu / 衬衫 | 紫（むらさき） | murasaki / 紫色 |

|  |  |  |
|---|---|---|
| 水色（みずいろ） | mizuiro | 浅蓝色 |
| ベージュ | bēju | 米色 |
| グレー／灰色（はいいろ） | gurē/haiiro | 灰色 |
| 紺（こん） | kon | 深蓝色 |
| ＬＬサイズ | eruerusaizu | LL 号／特大号 |
| ハンドバッグ | handobaggu | 手提包 |
| リュックサック／デイパック | ryukkusakku/deipakku | 双肩包 |
| 巾着（きんちゃく） | kinchaku | 小兜儿 |
| スニーカー | sunīkā | 球鞋／旅游鞋 |
| サンダル | sandaru | 凉鞋 |
| パンプス | panpusu | 平跟鞋 |
| ハイヒール | haihīru | 高跟鞋 |
| ブーツ | būtsu | 靴子 |
| マフラー | mafurā | 围巾 |
| スカーフ | sukāfu | 丝巾 |
| ハンカチ | hankachi | 手绢 |
| ネクタイ | nekutai | 领带 |
| 手袋（てぶくろ） | tebukuro | 手套 |
| 帽子（ぼうし） | bōshi | 帽子 |
| サングラス | sangurasu | 墨镜 |
| 指輪（ゆびわ） | yubiwa | 戒指 |
| イヤリング | iyaringu | 耳环 |
| ピアス | piasu | 耳环 |
| ネックレス | nekkuresu | 项链 |
| 口紅（くちべに） | kuchibeni | 口红 |
| アイシャドウ | aishadō | 眼影 |
| チーク | chiku | 腮红 |
| フェイスパウダー | feisupaudā | 粉 |
| マニキュア | manikyua | 指甲油 |
| 乳液（にゅうえき） | nyūeki | 乳液 |
| 専門店（せんもんてん） | senmonten | 专店 |
| リニューアル | rinyūaru | 重新装修／换新 |
| 新発売（しんはつばい） | shinhatsubai | 最新出售 |
| ヒット商品（しょうひん） | hittoshōhin | 畅销货 |
| ブーム | būmu | 热潮 |

# 単語＆ミニフレーズ

## 販売店（はんばいてん）

|  |  |  |
|---|---|---|
| ディスカウント | dhisukaunto | 廉价 |
| バーゲン | bāgen | 减价 |
| 特価（とっか） | tokka | 特价 |
| 高級（こうきゅう） | kōkyū | 高级 |
| ブランド | burando | 商标／牌子 |
| ブランド品（ひん） | burandohin | 品牌 |
| 国産（こくさん） | kokusan | 国产 |
| オリジナル | orijinaru | 独一无二 |
| （ご）贈答用（ぞうとうよう） | (go-)zōtōyō | 送礼用 |
| お中元とお歳暮（ちゅうげん と せいぼ） | o-chūgen to o-sēbo | 为了表示感谢，在夏季和冬季的一定期间内有送礼的习惯。 |
| 冷凍食品（れいとうしょくひん） | reitōshokuhin | 冷冻食品 |
| 乳製品（にゅうせいひん） | nyūsēhin | 乳制品 |
| シリアル | shiriaru | 谷物食品 |
| レトルト食品（しょくひん） | retorutoshokuhin | 蒸煮袋食品 |
| 缶詰（かんづめ） | kanzume | 罐头 |
| ベビー用品（ようひん） | bebīyōhin | 婴儿食品 |
| 調味料（ちょうみりょう） | chōmiryō | 调味料 |
| 小麦粉（こむぎこ） | komugiko | 面粉 |
| サラダ油（ゆ） | saradayu(abura) | 色拉油 |
| 食パン（しょく） | shokupan | 面包 |
| 惣菜（そうざい） | sōzai | 熟食品 |
| ペットフード | pettofūdo | 动物食品 |
| ペットボトル | pettobotoru | 塑料瓶 |
| 洗剤（せんざい） | senzai | 洗涤剂 |
| シャンプー | shanpū | 洗头水 |
| リンス | rinsu | 护发水 |
| コンディショナー | kondhishonā | 护发素 |
| 歯磨き（はみが） | hamigaki | 牙膏 |
| 消臭剤（しょうしゅうざい） | shōshūzai | 消臭剂 |
| 殺虫剤（さっちゅうざい） | sacchūzai | 杀虫剂 |
| トイレットペーパー | toirettopēpā | 手纸 |
| 電球（でんきゅう） | denkyū | 电灯泡 |

# 第4章

## コンビニ
便利店

コンビニ①〜⑤

便利店①〜⑤

# Unit 1

## コンビニ①

### 便利店 ①
～结帐 (1)～

记住在收银台结帐时的基本语句。

**1** 下位顾客！请！ ▸ つぎの

**2** 装到袋子里可以吗？／您要袋子吗 ▸ ふくろ

**3** 就这样不装袋子里可以吗？
● 就这样→このまま ▸ このまま

**4** 108日元一个、216日元一个，一共324日元。 ▸ ひゃくはちえん

**5** 〈找零钱的场合〉
收您 1000 日元。 ▸ せんえん

**6** 找您 676 日元。请您点好。 ▸ ろっぴゃくななじゅう

**7** 〈不找零钱的场合〉
324 日元，正好。 ▸ さんびゃくにじゅう…

**8** 这是收据。 ▸ こちら

## 给客人找钱的递法

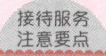

**接待服务注意要点**

在收款处给客人找钱时，一只手递给客人的话，给人的印象很失礼。要一只手拿着钱，另一只手托在下面递给客人。

---

次のお客様（お次の方）、どうぞ。
Tsugi no o-kyaku-sama (O-tsugi no kata), dōzo.

---

袋にお入れしてよろしいですか。／袋はご利用でしょうか。
Fukuro ni o-ireshite yoroshīdesu ka? / Fukuro wa go-riyōdeshō ka?

---

このままでよろしいですか。
Konomama de yoroshīdesu ka?

＊このまま：就这样

---

108円が1点、216円が1点、合計2点で324円頂戴いたします。
Hyaku-hachi-en ga itten, nihyaku-jūroku-en ga itten, gōkē ni-ten de sanbyaku-nijūyo-en chōdai itashimasu.

＊頂戴する：给我

---

〈おつりがある場合〉 1000円お預かりいたします。
〈Otsuri ga aru bāi〉 Sen-en o-azukari itashimasu.

---

676円のお返しです。お確かめください。
Roppyaku-nanajūroku-en no o-kaeshi desu. O-tashikame kudasai.

---

〈おつりがない場合〉 324円ちょうどいただきます。
〈Otsuri ga nai bāi〉 Sanbyaku-nijūyo-en chōdo itadakimasu.

---

こちら、レシートでございます。
Kochira, reshīto de gozaimasu.

# Unit 2 コンビニ②

## 便利店②
～结帐 (2)～

记住结帐时用高额纸币时的基本语句。

**CD-2 19**

1. 〈一个商品的场合〉
   1080 日元。／收您 1080 日元。
   ▶ おかいけい

2. 收您 5000 日元。
   ▶ ごせんえん

3. 先找您整的，一千、两千、三千日元。请您点好。
   ▶ さきに

4. 再找您 920 日元，请您点好。
   ▶ おあと

5. 〈一万日元的场合〉
   先找您整的，五千、六千、七千、八千日元。请您点好。
   ▶ さきに

6. 再找您零的，920 日元和收据。
   ▶ おあと

7. 谢谢！欢迎再次光临。
   ▶ ありがとう…

## 钱地数法「いち」和「なな」

说价钱的时候,「7」读作「しち」, 容易听成「いち」。所以说价钱的时候, 要用「なな」发音。

接待服务
注意要点

---

〈商品が一つの場合〉お会計、1080円でございます。
／1080円頂戴いたします。

〈shōhin ga hitotsu no bāi〉 O-kaikē, sen-hachijū-en de gozaimasu.
／ Sen-hachijū-en chōdai itashimasu.

---

5千円お預かりいたします。

Gosen-en o-azukari itashimasu.

---

先に大きい方から千、二千、三千円のお返しです。お確かめください。

Sakini ōkī hō kara sen, nisen, sanzen-en no o-kaeshi desu. O-tashikame kudasai.

---

お後、920円のお返しです。お確かめください。

O-ato, kyūhyaku-nijū-en no o-kaeshi desu. O-tashikame kudasai.

---

〈1万円からの場合〉先に大きい方から五千、六千、七千、八千円のお返しです。お確かめください。

〈Ichiman-en kara no bāi〉 Sakini ōkī hō kara gosen, rokusen, nanasen, hassen-en no o-kaeshi desu.

---

お後、細かい方、920円のお返しと、レシートでございます。

O-ato, komakai hō, kyūhyaku nijū-en no o-kaeshi to, reshīto de gozaimasu.

---

ありがとうございました。またお越しくださいませ。

Arigatōgozaimashita. Mata o-koshi kudasai mase.

# Unit 3

## コンビニ ③

### 便利店 ③
～结帐 (3)～

记住用信用卡结帐的基本语句。

**CD-2 20**

□ 1  请刷卡。 ▶ カード

□ 2  您卡里存额不够，还差 85 日元，您要怎么办？ ▶ はちじゅうごえん
  ● 不够→不足する、足りない

□ 3  要储钱吗？ ▶ チャージ

□ 4  那储 2000 日元。 ▶ にせんえん

□ 5  请将卡对准（读卡器）扫一下。 ▶ タッチ

□ 6  请您再试一下。／请您再点击一下。 ▶ もういちど

□ 7  然后请您付钱。 ▶ おしはらい

□ 8  那用现金结帐。 ▶ じゃあ

## 理解客人

接待服务注意要点

在便利店的收款处，客人来办理什么，店员与客人打交道时，有的客人几乎不说话，这时要观察客人的表情行事。

---

**カードでお願いします。**
Kādo de onegai shimasu.

---

**85円不足しておりますが、いかがなさいますか。**
Hachijūgo-en fusoku shite orimasu ga, ikaga nasaimasu ka?

---

**チャージなさいますか。**
Chāji nasaimasu ka?

---

**2000円、チャージをお願いします。**
Nisen-en, chāji o onegai shimasu.

---

**（読み取り部に）タッチをお願いします。**
(Yomitori-bu ni) tacchi o onegai shimasu.

---

**〈チャージの後〉もう一度お願いします。／もう一度タッチしていただけますか。**
〈Chāji no ato〉 Mō ichido onegai shimasu. / Mō ichido tacchi shiteitadakemasu ka?

---

**〈チャージの後〉続けてお支払い、お願いします。**
〈Chāji no ato〉 Tsuzukete o-shiharai, onegai shimasu.

---

**じゃあ、現金で払います。**
Jā, genkin de haraimasu.

# Unit 4

## コンビニ④

### 便利店 ④
～吃的、喝的～

记住购买食物商品时的常用句。

**CD-2 21**

☐ **1** 您要加热一下吗？
　　● 加热→温める（あたた）
　　▶ こちら

☐ **2** 要筷子吗？／给您双筷子吧。
　　▶ おはし

☐ **3** 筷子一双够吗？
　　▶ おはし

☐ **4** （咖啡）您要热的还是冰的。
　　▶ ホット

☐ **5** 咖啡要大杯还是小杯?
　　▶ コーヒー

☐ **6** 热的和冷的要分开装吗？
　　▶ あたたかい

☐ **7** 〈熬点的场合〉您想要多少汤？
　　▶ おしる

## 考虑顾客的年龄及性别

接待服务注意要点

年长的顾客买意大利面时，要想到跟用叉子相比，他们更喜欢用筷子。所以要问「お箸をおつけしますか、フォークをおつけしますか／您要筷子还是要叉子？」。要考虑顾客的年龄及性别来应对。

### こちらは温めますか。
*Kochira wa atatamemasu ka?*

### お箸はお付けしますか。／お箸をお付けしましょうか。
*O-hashi wa o-tsuke shimasu ka? / O-hashi o o-tsuke shimashō ka?*

### お箸は１膳でよろしいでしょうか。
*O-hashi wa ichi-zen de yoroshī deshō ka?*

### （コーヒーは）ホットとアイス、どちらになさいますか。
*(Kōhī wa) Hotto to aisu, dochira ni nasaimasu ka?*

### コーヒーのサイズはどちらになさいますか。
*Kōhī no saizu wa dochira ni nasaimasu ka?*

### 温かい物と冷たい物、袋は別々に致しますか。
*Atatakai mono to tsumetai mono, fukuro wa betsubetsu ni itashimasu ka?*

### 〈おでんの場合〉お汁はどれくらいお入れしますか。／（お）つゆはどれくらいお入れしますか。
〈*oden no bāi*〉 *O-shiru wa dorekurai o-ire shimasu ka? / (O-)tsuyu wa dorekurai o-ire shimasu ka?*

# Unit 5

## コンビニ⑤

**便利店 ⑤**
～快递、复印～

记住快递的受理及复印服务说明的基本语句。

CD-2 22

□ 1 我想寄快递…。 ▶ これ

□ 2 您写好地址了吗？ ▶ でんぴょう

□ 3 您是要先付邮费还是到了后再付？ ▶ もとばらい

□ 4 请写在这儿。 ▶ こちら

□ 5 这是您寄快递的底子。 ▶ こちら
　　● 底子→控え

□ 6 〈付公共费用，退还一部分材料时〉
　　这个还给您。 ▶ こちら

□ 7 复印是自助服务。 ▶ コピーき

□ 8 复印机请投币后再使用。 ▶ コピーき

第4章　コンビニ

## 排队的地方

接待服务
注意要点

利用便利店的客人很多，常常会出现一时拥挤的现象。无论哪个店都有表示按顺序等候的场所。

### これ、宅配に出したいんですが……。
Kore, takuhai ni dashitai n desu ga….

＊宅配：送货

### 伝票はお持ちでしょうか。
Denpyō wa o-mochi deshō ka?

＊伝票：传票

### 元払いか着払い、どちらになさいますか。
Motobarai ka chakubarai, dochira ni nasaimasu ka?

### こちらにご記入ください。
Kochira ni go-kinyū kudasai.

### こちら、お客様の控えでございます。
Kochira, o-kyaku-sama no hikae de gozaimasu.

〈公共料金の支払いで、書類の一部を返すとき〉
### こちら、お返しいたします。
〈kōkyōryōkin no shiharai de, shorui no ichibu o kaesu toki〉
Kochira, o-kaeshi itashimasu.

### コピーはセルフサービスになっております。
Kopī wa serufusābisu ni natte orimasu.

＊セルフサービス：自助服务

### コピー機はコインを入れてお使いください。
Kopī-ki wa koin o irete o-tsukai kudasai.

第四章　便利店

161

# 単語 & ミニフレーズ

**コンビニ**

## 単词 & 惯用句

|  |  |
|---|---|
| おにぎり | onigiri / 饭团 |
| お弁当（べんとう） | o-bentō / 便当 |
| 肉まん（にく） | nikuman / 肉包 |
| から揚げ（あ） | karāge / 干炸鸡 |
| コロッケ | korokke / 可乐饼 |
| メンチカツ | menchikatsu / 炸肉饼 |
| カップ麺（めん） | kappumen / 杯面 |
| ヨーグルト | yōguruto / 酸奶 |
| チョコレート | chokorēto / 巧克力 |
| アイスクリーム | aisukurīmu / 冰激凌 |
| ミネラルウォーター | mineraruwōtā / 矿泉水 |
| 缶ビール（かん） | kanbīru / 罐装啤酒 |
| ポケットティッシュ | pokettothisshu / 口袋纸巾 |
| マスク | masuku / 口罩 |
| カイロ | kairo / 暖宝宝 |
| 電池（でんち） | denchi / 电池 |
| 充電器（じゅうでんき） | jūdenki / 充电器 |
| チケット | tiketto / 票 |
| 写真のプリント（しゃしん） | shashin no purinto / 印照片 |
| 公共料金（こうきょうりょうきん） | kōkyōryōkin / 公共事业费 |
| 電気代（でんきだい） | denkidai / 电费 |

# 第5章

## 宿泊施設
住宿设施

**宿泊施設①〜⑥**

住宿①〜⑥

# Unit 1

## 宿泊施設①
### 住宿 ①
～预约电话的受理 (1) ～

记住确认住宿日期及哪种房间的基本用句。

- [ ] 1 谢谢您的电话，这里是樱花饭店。 ▶ おでんわ

- [ ] 2 我想订个房间。 ▶ よやく

- [ ] 3 您要订几号的? ▶ なんにち

- [ ] 4 3月15号以后的。 ▶ さんがつ

- [ ] 5 您要住几个晚上? ▶ なんぱく

- [ ] 6 您几位? ▶ なんめい…

- [ ] 7 您要订什么样的房间? ▶ どのような

- [ ] 8 单人房，最好是禁烟的 …。 ▶ シングル

## 「住む」与「泊まる」

日语里把定好地方在那里生活的说成「住む」，短期住在饭店等自己家以外的说成「泊まる」。汉语都说「住」，但日语时是有区别的。

お電話ありがとうございます。さくらホテルでございます。
O-denwa arigatōgozaimasu. Sakura hoteru de gozaimasu.

予約をお願いしたいのですが。
Yoyaku o onegaishitai no desu ga.

何日のご予約でしょうか。
Nan-nichi no go-yoyaku deshō ka?

3月15日からなんですが。
San-gatsu jūgo-nichi kara na n desu ga….

何泊のご予定でしょうか。
Nan-paku no go-yotē deshō ka?

何名様でしょうか。
Nan-mē-sama deshō ka?

どのようなお部屋をご希望でしょうか。
Donoyōna o-heya o go-kibō deshō ka?

＊(ご)希望：希望

シングルで、禁煙の部屋がいいんですが……。
Shinguru de kin'en no heya ga ī n desu ga….

# Unit 2

## 宿泊施設②
### 住宿②
～预约电话的受理(2)～

记住住宿费的说明、姓名地址的确认等以及受理完了的基本用语。

| | | | |
|---|---|---|---|
| ☐ | 1 | 住宿费加税共 6500 日元。 | ▶ しゅくはくりょうきん |
| ☐ | 2 | 实在抱歉，单人房已经订满了。 | ▶ もうしわけありませんが |
| ☐ | 3 | 如果吸烟的房间可以的话，有空房 …。 | ▶ きつえん |
| ☐ | 4 | 17 号的话有空房 …。 | ▶ じゅうしちにち |
| ☐ | 5 | 可以问一下您的姓名和电话号码吗？ | ▶ おなまえ |
| ☐ | 6 | 入住时间从下午 3 点开始。 | ▶ チェックイン |
| ☐ | 7 | 可以问一下您的预定入住时间吗？ | ▶ チェックイン |
| ☐ | 8 | 那么，6 月 15 号，单人房一个晚上，给您订好了。<br>● 单人房→シングル | ▶ ではろくがつ… |

> 接待服务注意要点
>
> **首先让～安心**
>
> 如果发生了什么情况，入住客人从房间打来电话时，首先重复客人说的内容，从中确认其状况。然后说「○○分ほどでスタッフがお部屋に伺います」，先让客人放心。

### 宿泊料金は税込みで 6500 円でございます。
Shukuhaku ryōkin wa zēkomi de rokusen gohyaku-en de gozaimasu.

### 申し訳ありませんが、シングルはいっぱいでございます。
Mōshiwakearimasen ga, shinguru wa ippai de gozaimasu.

### 喫煙のお部屋ならお取りできますが……。
Kitsuen no o-heya nara o-tori dekimasu ga….

＊(部屋を)取る：订房间

### 17日なら空きがございますが……。
Jūshichi-nichi nara aki ga gozaimasu ga….

### お名前とお電話番号をいただけますか。
O-namae to o-denwa bangō o itadakemasu ka?

### チェックインは3時からになります。
Chekkuin wa san-ji kara ni narimasu.

### チェックインのご予定時間をお伺いできますか。
Chekkuin no go-yotējikan o o-ukagai dekimasu ka?

### では6月15日、シングルご1泊でご予約を承りました。
Dewa roku-gatsu jūgo-nichi, shinguru go-ippaku de go-yoyaku o uketamawarimashita.

# Unit 3

## 宿泊施設 ③
### 住宿 ③
### 〜入住〜

记住在前台接待入住顾客的基本语句。

| | | |
|---|---|---|
| □ 1 | 我叫田中，预定了一晚的住宿。 | ▶ きょうから |
| □ 2 | 是田中先生吧。请您稍等一下。 | ▶ たなかさま |
| □ 3 | 那么，请在这儿写上您的姓名和住址。 | ▶ では |
| □ 4 | 您是506号房间，这是房间钥匙。 | ▶ おへや |
| □ 5 | 这是早餐券。 | ▶ こちら |
| □ 6 | 早餐在一楼的樱花餐厅。 | ▶ ちょうしょく |
| □ 7 | 请在那边儿坐电梯到5楼。 | ▶ あちら |
| □ 8 | 下了电梯，房间就在电梯的右手边儿。<br>● 下→降りる | ▶ おへや |

## 紧急通道和避难路线

接待服务
注意要点

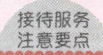

日本是一个自然风景非常美丽的国家，也是自然灾害多发的国家。要把握好紧急通道及避难通道的所在处。

---

**今日から1泊で予約している田中です。**
Kyō kara ippaku de yoyaku shiteiru Tanaka desu.

**田中様ですね。少々お待ちください。**
Tanaka-sama desu ne. Shōshō o-machi kudasai.

**では、こちらにお名前とご住所をお書きください。**
Dewa, kochira ni o-namae to go-jūsho o o-kaki kudasai.

**お部屋の番号は506です。こちらがお部屋の鍵でございます。**
O-heya no bangō wa go-zero-roku desu. Kochira ga o-heya no kagi de gozaimasu.

**こちらが朝食券でございます。**
Kochira ga chōshokuken de gozaimasu.

**朝食は1階のレストラン「さくら」でご用意します。**
Chōshoku wa ikkai no resutoran "Sakura" de go-yōi shimasu.

**あちらのエレベーターで5階までお上がりください。**
Achira no erebētā de go-kai made o-agari kudasai.

**お部屋はエレベーターを降りられて、右手にございます。**
O-heya wa erebētā o orirarete, migite ni gozaimasu.

# Unit 4

## 宿泊施設④
### 住宿④
～从顾客房间打来的电话～

记住从顾客房间打来的救急内线电话的应对语句。

**CD-2 26**

☐ 1　（让您久等了，）你好！这里是服务台。　　　▸ はい

☐ 2　淋浴不出热水。　　　▸ シャワー

☐ 3　厕所的水不流。　　　▸ トイレ

☐ 4　空调不管用。　　　▸ エアコン
　　　● 不管用→効かない

☐ 5　知道了，马上让服务员过去。　　　▸ かしこまりました

☐ 6　不知道遥控怎么用…。　　　▸ リモコン

☐ 7　窗户打不开…。　　　▸ まど

☐ 8　马上就过去。　　　▸ すぐに

## 「お待たせしました。～です」

在日本接电话时一般要说「はい、～です」，不能马上接的话要说「お待たせしました。～です／只限于工作时」。

---

（お待たせしました。）はい、フロントです。
*(Omatase shimashita.) Hai, furonto desu.*

---

シャワーのお湯が出ないんですが……。
*Shawā no o-yu ga denai n desu ga….*

---

トイレの水が流れないんですが……。
*Toire no mizu ga nagarenai n desu ga….*

---

エアコンが効かないんですが……。
*Eakon ga kikanai n desu ga….*　　　＊（エアコンが）効く：见效／奏效

---

かしこまりました。すぐに係の者を行かせます。
*Kashikomarimashita. Suguni kakari-no-mono o ikasemasu.*

---

リモコンの使い方がわからないんですが……。
*Rimokon no tsukaikata ga wakaranai n desu ga….*

---

窓が開かないんですが……。
*Mado ga akanai n desu ga….*

---

すぐにお伺いします。
*Suguni o-ukagai shimasu.*

# Unit 5

## 宿泊施設⑤
しゅくはくしせつ

### 住宿⑤
～来自客人房间的请求～

记住对应客人提出的物品及服务要求的基本语句。

**1** 我想再要一条毛巾 …。 ▶ もう

**2** 知道了，马上给您拿过去。 ▶ かしこまりました

**3** 旁边的房间太吵 …。 ▶ となりの
● 吵→うるさい

**4** 实在抱歉，那么请您移到别的房间可以吗？ ▶ もうしわけございません

**5** 房间的烟味很大，能换个房间吗？ ▶ へやが
● 有味儿→臭い
くさ

**6** 带您去别的房间。 ▶ べつの

**7** 想请您叫一辆出租车 …。 ▶ タクシーを

**8** 好的，您什么时候出发？ ▶ かしこまりました

## 房间的变更

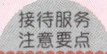

对房间表示不满的情况不少。能换房间的话可以，不过怎样应对，要根据当时的情况。

### もう1枚毛布を借りたいんですが……。
Mō ichi-mai mōfu o karitai n desu ga….

### かしこまりました。これからお持ちします。
Kashikomarimashita. Korekara o-mochisimasu.

### 隣の部屋がうるさいんですが……。
Tonari no heya ga urusai n desu ga….

### 申し訳ございません。別の部屋にお移りいただけますが、そうされますか。
Mōshiwake gozaimasen. Betsu no heya ni o-utsuri itadakemasu ga, sōsaremasu ka?

### 部屋がタバコ臭いので、変えてもらえませんか。
Heya ga tabako kusai node, kaetemoraemasen ka?

### 別の部屋をご案内させていただきます。
Betsu no heya o go-annai sasete itadakimasu.

### タクシーを呼んでもらいたいんですが……。
Takushī o yondemoraitai n desu ga…

### かしこまりました。いつご出発でしょうか。
Kashikomarimashita. Itsu go-shuppatsu deshō ka?

# Unit 6

## 宿泊施設⑥
## 住宿⑥
～其他～

记住向前台提出的其他提问（要求）的应对语句。

CD-2 28

☐ 1 房间进不去了…。 ▸へや

☐ 2 知道了。那么我陪您一起到您的房间去。您是几号房间？ ▸かしこまりました

☐ 3 有没有这周边的简易地图。 ▸このへん

☐ 4 有周边地图。这些就是。 ▸しゅうへん

☐ 5 到达饭店可能会相当晚…。 ▸ホテル

☐ 6 没问题。大门开着。您大概几点到？ ▸だいじょうぶ

☐ 7 想延长退房时间…。 ▸チェックアウト

☐ 8 知道了。您要怎么延长？ ▸かしこまりました

## 根据客人的需求做好准备

**接待服务注意要点**

大的饭店都有专门帮客人搬运行李的人，多数饭店却没有。但是类似工作则由服务台的工作人员担当，所以日常要做好这方面的准备。

---

**部屋に入れなくなったんですが……。**
Heya ni hairenakunatta n desu ga….

---

**かしこまりました。では、お部屋までご一緒します。お部屋の番号は何番ですか。**
Kashikomarimashita. Dewa, o-heya made go-issho shimasu. O-heya no bangō wa nan-ban desu ka?

＊ご一緒する：一起

---

**この辺の簡単な地図はありませんか。**
Kono hen no kantanna chizu wa arimasen ka?

---

**周辺のマップがございます。こちらです。**
Shūhen no mappu ga gozaimasu. Kochira desu.

---

**ホテルに着くのがかなり遅くなりそうなのですが……。**
Hoteru ni tsuku no ga kanari osokunarisō na no desu ga….

---

**大丈夫です、玄関は開いておりますので。何時頃になりそうでしょうか。**
Daijōbu desu, genkan wa aiteorimasu node. Nan-ji goro ni narisō deshō ka?

---

**チェックアウトの時間を延長したいのですが……。**
Chekkuauto no jikan o enchō shitai no desu ga….

---

**かしこまりました。延長のお時間はどうなさいますか。**
Kashikomarimashita. Enchō no o-jikan wa dō nasaimasu ka?

# 単語 & ミニフレーズ
## 単词 & 惯用句

**宿泊施設**

| | | | |
|---|---|---|---|
| ツイン | tsuin<br>标准间 | ワイファイ環境 | waifai kankyō<br>WiFi 环境 |
| ダブル | daburu<br>大床房 | 貸し出し | kashidashi<br>租借 |
| 三人部屋 | sanninbeya<br>三人房间 | (ヘヤー)ドライヤー | (heyā) doraiyā<br>吹风机 |
| 和室 | washitsu<br>日式房间 | アイロン | airon<br>熨斗 |
| 洋室 | yōshitsu<br>欧式房间 | ロビー | robī<br>大厅 |
| ふとん | futon<br>被子 | ラウンジ | raunji<br>休息室 |
| 枕 | makura<br>枕头 | プール | pūru<br>游泳池 |
| シーツ | shītsu<br>床单 | サウナ | sauna<br>桑拿 |
| 枕カバー | makurakabā<br>枕巾 | 会議室 | kaigishitsu<br>会议室 |
| 浴衣 | yukata<br>睡衣、浴衣 | 宴会場 | enkaijō<br>宴会厅 |
| 大浴場 | daiyokujō<br>大浴场 | 非常口 | hijōguchi<br>紧急出口 |
| オートロック | ōtorokku<br>自动锁 | 非常階段 | hijōkaidan<br>疏散梯 |
| カードキー | kādokī<br>卡片钥匙 | 両替 | ryōgae<br>兑换外币 |
| 金庫 | kinko<br>保险柜 | モーニングコール | mōningukōru<br>叫醒服务 |
| 内線 | naisen<br>内线 | メモを預かっております。 | Memo o azukatte orimasu.<br>这里有留给您的留言。 |
| インターネット | intānetto<br>网络 | | |

# 第6章

## その他の
## さまざまなサービス

其他各种各样的服务

カラオケ店①〜②／
レンタルビデオ店①〜②／講座①〜③

卡拉OK店①〜②／
录像出租店①〜②／讲座①〜③

# Unit 1

## カラオケ店①
### 卡拉OK店①
～前台登记～

记住前台登记时的基本应对语句。

**CD-2 29**

- [ ] 1　欢迎光临。请问几位？　　　　　　　　　　▶ いらっしゃいませ

- [ ] 2　您有会员证吗？　　　　　　　　　　　　　▶ かいいんしょう

- [ ] 3　价格怎么规定的？　　　　　　　　　　　　▶ りょうきんシステム

- [ ] 4　一个小时500日元，延长的话，每30分加300日元。　▶ いちじかん
  - 延长→延長

- [ ] 5　您要利用几个小时？　　　　　　　　　　　▶ ごりようじかん

- [ ] 6　3个小时以上的话，选「随便唱」比较合算。 ▶ さんじかん

- [ ] 7　6点以后按夜间价格计算，可以吗？　　　　▶ ろくじから

- [ ] 8　您想要哪种机器？　　　　　　　　　　　　▶ きしゅ

## 价格规定各式各样

卡拉OK店的价格各式各样。「フリータイム／任何时间」也要看那天是否在营业时间内、或某个时间段（例如10点～18点），及是否在最晚时间内等，价格都因店而异。

---

いらっしゃいませ。何名様ですか。
*Irasshaimase. Nan-mē-sama desu ka?*

---

会員証はお持ちですか。
*Kaiinshō wa o-mochi desu ka?*

---

料金システムはどのようになっていますか。
*Ryōkin shisutemu wa donoyō ni natte imasu ka?*

---

1時間500円で、延長の場合、30分ごとに300円追加されます。
*Ichi-jikan gohyaku-en de, enchō no bāi, sanjuppun goto ni sanbyaku-en tsuika saremasu.*

---

ご利用時間はいかがいたしますか。
*Go-riyō jikan wa ikaga itashimasu ka?*

---

3時間以上ですと、「フリータイム」のほうがお得です。
*San-jikan ijō desuto, "furītaimu" no hō ga o-toku desu.*

---

6時から夜料金になりますが、よろしいですか。
*Roku-ji kara yoru ryōkin ni narimasu ga, yoroshī desu ka?*

---

機種のご希望はございますか。
*Kishu no go-kibō wa gozaimasu ka?*

# Unit 2

## カラオケ店②
### 卡拉OK店②
～说明如何利用～

记住服务流程的基本语句。

CD-2 30

☐ 1　您要饮料单点的，还是要随便喝的？　　　▶ ワンドリンク

☐ 2　我们这里饮料是单点，您可以在房间打电话点。　　　▶ ワンドリンクせい

☐ 3　您的房间是三楼的305号房间。　　　▶ おへや

☐ 4　在那儿上电梯到3楼。　　　▶ あちら

☐ 5　遥控不好用…。　　　▶ リモコン

☐ 6　请稍等。。。请您用这个。　　　▶ しょうしょう

☐ 7　还有10分钟就到时间了，您要延长吗？　　　▶ おじかん

☐ 8　请延长一个小时。／不延长。　　　▶ いちじかん

## 「一杯饮料消费制」

接待服务注意要点

是指一个人要消费一杯以上的饮料。「ドリンクバー」(是自助服务，可以自由随便利用。) 两者选一的店比较多。

---

### ワンドリンクとドリンクバー、どちらになさいますか。
Wandorinku to dorinkubā, dochira ni nasaimasu ka?

### ワンドリンク制となっておりますので、部屋からお電話でご注文ください。
Wandorinku sē to natte orimasu node, heya kara o-denwa de go-chūmon kudasai.

### お部屋は3階の305号室でございます。
O-heya ha san-gai no sanbyakugo-gō shitsu de gozaimasu.

### あちら奥のエレベーターで3階までお上がりください。
Achira oku no erebētā de san-gai made o-agari kudasai.

### リモコンが効かないんですが……。
Rimokon ga kikanai n desu ga….

＊効く：见效／奏效

### 少々お待ちください。・・・こちらをお使いください。
Shōshō o-machi kudasai. ….Kochira o o-tsukai kudasai.

### お時間終了10分前ですが、延長はいかがなさいますか。
O-jikan shūryō juppun mae desu ga, enchō wa ikaga nasaimasu ka?

### 1時間延長でお願いします。／延長なしでお願いします。
Ichi-jikan enchō de onegai shimasu. / Enchō nashi de onegai shimasu.

第六章　其他各种各样的服务

# Unit 3

## レンタルビデオ店①
**录像出租店①**
～卖场的应对、办卡儿说明～

记住应对客人寻找商品的提问及介绍办卡儿手续的基本服务用语。

1. 美国的电视剧系列在哪儿？ ▸ アメリカ

2. 在这边的架子上。／这边儿的都是。 ▸ こちら
   - 架子→たな

3. 我在找 ABC 的最新单曲…。 ▸ エービーシー

4. 实在抱歉，全都借出去了。 ▸ もうしわけございません

5. 您有 X 会员卡儿吗？ ▸ エックスカード

6. 会员卡马上就能办出来，您要办会员卡吗？ ▸ カード

7. 入会费免费，年会费要 300 日元。 ▸ にゅうかいきん

8. 您的这张会员卡过期了，您要更新吗？ ▸ こちら

## 会员卡・更新的手续

**接待服务注意要点**

办理会员卡及其更新手续，对客人来说会感到有些麻烦，要耐心地，流畅地进行说明。

---

**アメリカのテレビドラマのシリーズはどこですか。**
Amerika no terebidorama no sirīzu wa doko desu ka?

**こちらの棚でございます。／この辺りが全部そうです。**
Kochira no tana de gozaimasu. / Kono atari ga zenbu sō desu.

**ABCの最新シングルを探しているんですが…。**
Ēbīshī no saishin shinguru o sagashiteiru n desu ga….

**申し訳ございません。在庫はすべて貸し出し中でございます。**
Mōshiwake gozaimasen. Zaiko wa subete kashidashi chū de gozaimasu.

**Xカードはお持ちですか。**
Ekkusu kādo wa o-mochi desu ka?

**カードはすぐにお作りできますが、お作りになりますか。**
Kādo wa suguni o-tsukuri dekimasu ga, o-tsukuri ni narimasu ka?

**入会金は無料ですが、年会費として300円いただきます。**
Nyūkaikin wa muryō desu ga, nenkaihi toshite sanbyaku-en itadakimasu.

**こちら、カードの有効期限が切れておりますが、更新されますか。**
Kochira, kādo no yūkōkigen ga kirete orimasu ga, kōshin saremasu ka?

# Unit 4 レンタルビデオ店②

**录像出租店②**
～确认使用内容及结帐～

记住出租期间等具体利用内容及结帐的基本用语。

CD-2 32

- [ ] 1　您想租几个晚上　　　　　　　　　　　　▶ ごりようはくすう

- [ ] 2　三个晚上四天。　　　　　　　　　　　　▶ さんぱく

- [ ] 3　再借一个的话一共 800 日元，这样比较合算…。　　▶ もういっぽん

- [ ] 4　这是新作品，不打折。　　　　　　　　　▶ こちらは

- [ ] 5　旧的 3 个租一周一共 600 日元。　　　　　▶ きゅうさく
  ● 一共→合計（ごうけい）

- [ ] 6　延长费各 400 日元，一共 1200 日元。　　　▶ えんたいりょうきん

- [ ] 7　顾客！这里边儿什么也没有…。　　　　　▶ おきゃくさま

## 应对顾客的询问

客人经常会问到商品在哪里，所以我们必须把握好商品的陈列地点和货架的结构。此外，电影公开不久或电视里放映不久的作品，也要检查其预定进货日期。

**接待服务注意要点**

ご利用泊数はいかがなさいますか。
Go-riyō hakusū wa ikaga nasaimasu ka?

3泊4日で。
San-paku yokka de.

もう1本借りられると全部で800円になって、お得ですが……。
Mō ippon karirareruto zenbu de happyaku-en ni natte, o-toku desu ga….

こちらは新作ですので、割引の対象外になります。
Kochira wa shinsaku desu node, waribiki no taishōgai ni narimasu.

旧作3点、1週間のご利用で、合計600円になります。
Kyūsaku san-ten, isshūkan no go-riyō de, gōkē roppyaku-en ni narimasu.

延滞料金がそれぞれ400円かかりますので、合計で1200円いただきます。
Entai ryōkin ga sorezore yon'hyaku-en kakarimasu node, gōkē de sen nihyaku-en itadakimasu.

お客様、こちら、中身が入っておりませんが……。
O-kyaku-sama, kochira, nakami ga haitte orimasen ga….

＊中身：里边的东西

# Unit 5

## 講座①
こうざ

### 讲座①
～语言讲座～

掌握一般课堂用语。

| | | |
|---|---|---|
| □ 1 | 那么，开始上课。 | ▶ では |
| □ 2 | 打开教科书 25 页 | ▶ きょうかしょ |
| □ 3 | 请练习。 | ▶ れんしゅう |
| □ 4 | 请跟着我说。<br>● 接着我→私に続いて<br>　　　　　わたし　つづ | ▶ わたしに |
| □ 5 | 请再说一遍。 | ▶ もういちど |
| □ 6 | 很好啊。 | ▶ いい… |
| □ 7 | 那么，今天就上到这里。 | ▶ では |
| □ 8 | 请大家好好复习。<br>● 复习→復習する<br>　　　　　ふくしゅう | ▶ よく |

## 「はい」「どうぞ」

> 接待服务
> 注意要点
>
> 让学生跟自己念时要说「私に続いて言ってください。」、说完后，要说「はい」或「どうぞ」表示开始。念完后说「いいですよ／很好」「もっと大きな声で／再大点声」等加点儿点评更好。

### では、始めましょう。
Dewa, hajimemashō.

### 教科書の25ページを開いてください。
Kyōkasho no nijūgo-pēji o hiraite kudasai.

### 練習しましょう。
Renshū shimashō.

### 私に続いて言ってください。
Watashi ni tsuzuite itte kudasai.

### もう一度言ってください。
Mō ichido itte kudasai.

### いいですよ。
Ī desu yo.

### では、今日はこれで終わります。
Dewa, kyō wa korede owarimasu.

### よく復習しておいてください。
Yoku fukushū shite oite kudasai.

# Unit 6

## 講座②
### 讲座②
~各种讲座(1)~

掌握烹饪、音乐、体育等各种讲座的通用语句。

**CD-2 34**

□ 1　我是今天给各位授课的周老师，请多关照。　▶ ほんじつ

□ 2　准备好了吗？　▶ ようい

□ 3　那么，我先示范，请大家好好看。　▶ では

□ 4　是这种感觉。　▶ こんな

□ 5　明白了吗？那，你们做做看。　▶ わかりましたか

□ 6　一起做做看。　▶ いっしょに

□ 7　再做一次吧。　▶ もういっかい

□ 8　请继续。　▶ つづけて…

## 说自己时不用「さん」

第一次上课时，讲师在做自我介绍时，不说自己是「～先生（せんせい）」。比如「入門（にゅうもん）クラス担当（たんとう）の～です／我是教基础班的～」，不加「さん」。

---

本日担当の周です。よろしくお願いします。
*Honjitsu tantō no Shū desu. Yoroshiku onegai shimasu.*

用意はいいですか。
*Yōi wa ī desu ka?*

では、まず私がやってみます。よく見ていてください。
*Dewa, mazu watashi ga yattemimasu. Yoku mite ite kudasai.*

こんな感じです。
*Konna kanji desu.*

＊感じ：感觉

わかりましたか。じゃ、ちょっとやってみてください。
*Wakarimashita ka? Ja, chotto yatte mite kudasai.*

一緒にやってみましょう。
*Isshoni yattemimashō.*

もう一回やってみましょう。
*Mō ikkai yattemimashō.*

続けてください。
*Tsuzukete kudasai.*

# Unit 7

## 講座③
### 讲座③
～各种讲座(2)～

掌握烹饪、音乐、体育等各种讲座的通用语句。

CD-2 35

| | | |
|---|---|---|
| □ 1 | 很好啊！就是那种感觉。 | ▶ いいですよ |
| □ 2 | 非常好。 | ▶ じょうず |
| □ 3 | 这有点儿不对，这样。 | ▶ そこ |
| □ 4 | 有点儿太用力了！／再放松些。 | ▶ ちょっと |
| □ 5 | 基本上还可以。 | ▶ だいたい |
| □ 6 | 基本上都会了。 | ▶ だいぶ |
| □ 7 | 首先复习上次课的内容。 | ▶ まず |
| □ 8 | 练习的话一定能行。没问题。 | ▶ れんしゅう |

## 表扬与鼓励的语句

> 接待服务注意要点
>
> 要适当给予表扬与鼓励。使用像「いいですよ」「いいですね」「よくできています」「上手(じょうず)ですよ」「だいぶ上達(じょうたつ)しましたね」「練習(れんしゅう)、頑張(がんば)ってください」等句子，来激发学生们的积极性。

### いいですよ。そんな感(かん)じです。
Īdesu yo. Sonna kanji desu.

### 上手(じょうず)ですね。
Jōzu desu ne.

### そこがちょっと違(ちが)います。こうです。
Soko ga chotto chigaimasu. Kō desu.

### ちょっと力(ちから)が入(はい)っていますね。／もっと力(ちから)を抜(ぬ)いてください。
Chotto chikara ga haitte imasu ne. / Motto chikara o nuite kudasai.

＊力(ちから)が入(はい)る：用力　　＊力(ちから)を抜(ぬ)く：放松

### だいたいできています。
Daitai dekite imasu.

### だいぶできるようになりましたね。
Daibu dekiru yō ni narimashita ne.

＊だいぶ：大体上

### まず、前回(ぜんかい)の復習(ふくしゅう)をしましょう。
Mazu, zenkai no fukushū o shimashō.

### 練習(れんしゅう)すればできます。大丈夫(だいじょうぶ)です。
Renshū sureba dekimasu. Daijyōbu desu.

# 単語&ミニフレーズ

## 単词&惯用句

その他のさまざまなサービス

| | |
|---|---|
| 新作（しんさく） | shinsaku<br>新作品 |
| 旧作（きゅうさく） | kyūsaku<br>旧作品 |
| キャンペーン | kyanpēn<br>宣传活动 |
| 身分証明書／身分証（みぶんしょうめいしょ／みぶんしょう） | mibunshōmēsho/mibunshō<br>身份证明 |
| 運転免許証（うんてんめんきょしょう） | untenmenkyoshō<br>驾驶证 |
| 健康保険証／保険証（けんこうほけんしょう／ほけんしょう） | kenkōhokenshō/hokenshō<br>健康保险证 |
| 本日、ご住所を確認できるものをお持ちでしょうか。（ほんじつ、じゅうしょ、かくにん、も） | Honjitsu, go-jūsho o kakunin dekiru mono o omochideshō ka.<br>今天您带能证明您住址的证明了吗？ |
| ご返却ですね。確認させていただきますので、少々お待ちください。（へんきゃく、かくにん、しょうしょう、ま） | Go-henkyaku desune. Kakunin sasete itadakimasunode, shōshō omachikudasai.<br>您要还吧，我确认一下，请稍候。 |
| 講師／インストラクター（こうし） | kōshi/insutorakutā<br>讲师 |
| 初心者／初めての方（しょしんしゃ／はじ、かた） | shoshinsha/hajimete no kata<br>初学者／第一次的人 |
| 手本（てほん） | tehon<br>榜样 |
| 上達する（じょうたつ） | jōtatsusuru<br>进步 |
| 基本が大切です。（きほん、たいせつ） | Kihon ga taisetsu desu.<br>基础很重要。 |
| センスがありますよ。 | Sensu ga arimasu yo.<br>您很有眼光啊！ |
| その調子で続けてください。（ちょうし、つづ） | Sono chōshi de tsuzukete kudasai.<br>请一鼓作气。 |

# 第7章

## 電話基本会話
でんわ きほん かいわ

电话的基本应对

**電話応対①〜⑤**
でんわ おうたい

电话对应①〜⑤

# Unit 1

## 電話応対①
### 电话对应①
～餐厅的预订受理～

掌握时间、人数及餐馆预订时的基本语句。

**CD-2 36**

| | | |
|---|---|---|
| □ 1 | 您好！这里是「富士」餐厅。 | ▶ はい |
| □ 2 | 我想请您预订个座位。 | ▶ よやく |
| □ 3 | 好的。您想预订哪天的？ | ▶ かしこまりました |
| □ 4 | 时间您定好了吗？／您要预订几点的？ | ▶ おじかん |
| □ 5 | 我想订今晚7点的…。 | ▶ きょうの |
| □ 6 | 一共几位？ | ▶ なんめい… |
| □ 7 | 可以问一下您的姓名吗？ | ▶ おなまえ |
| □ 8 | 今晚7点，三位，好！我给您预订好了。 | ▶ ではほんじつ |

## 看不见对方也不要掉以轻心

接待服务
注意要点

打电话时，虽然对方看不到自己，也不能掉以轻心。要面带微笑，明朗耐心地说，最后轻轻地将电话挂上。

### はい、レストラン「ふじ」です。
Hai, resutoran "Fuji" desu.

### 予約をお願いします。
Yoyaku o onegai shimasu.

### かしこまりました。お日にちはいつがご希望でしょうか。
Kashikomarimashita. O-hinichi wa itsu ga go-kibō deshō ka?

### お時間はいかがでしょうか。／お時間はいつがよろしいでしょうか。
O-jikan wa ikaga deshō ka? / O-jikan wa itsu ga yoroshī deshō ka?

### 今日の夜7時にお願いしたいんですが……。
Kyō no yoru shichi-ji ni onegai shitai n desu ga….

### 何名様でしょうか。
Nan-mē-sama deshō ka?

### お名前をいただけますか。
O-namae o itadakemasu ka?

### では本日午後7時、3名様でご予約を承りました。
Dewa honjitsu gogo shichi-ji, san-mē-sama de go-yoyaku o uketamawarimashita.

# Unit 2

## 電話応対②
でんわおうたい

### 电话对应②
～饭店的预订受理～

掌握有关饭店住宿预订的语句。

**CD-2 37**

- [ ] 1　您好！感谢您的来电。这里是樱花饭店。　　▸ おでんわ

- [ ] 2　我想预订个房间…。　　▸ よやく

- [ ] 3　您要预订哪天的？　　▸ おひにち

- [ ] 4　您要住几个晚上？　　▸ なんぱく

- [ ] 5　您要什么样的房间？
  - 类型→タイプ　　▸ おへや

- [ ] 6　实在抱歉，15号的房间已经订满了。
  16号的话有空房…。　　▸ もうしわけございません

- [ ] 7　这种房间，含税房费是一个晚上8000日元。　　▸ こちらの

- [ ] 8　那么，7月16号、17号，单人房两个晚上我给您订好了。　　▸ ではしちがつ…

## 第7章　電話基本会話

### 预约受理要正确

**接待服务注意要点**

预约受理时，不要将日、人数及房间类型弄错，一定要好好确认。

---

お電話ありがとうございます。さくらホテルです。
*O-denwa arigatōgozaimasu. Sakura hoteru desu.*

予約をお願いしたいんですが……。
*Yoyaku o onegai shitai n desu ga….*

お日にちはいつからをご希望でしょうか。
*O-hinichi wa itsu kara o go-kibō deshō ka?*

何泊のご利用でしょうか。
*Nan-paku no go-riyō deshō ka?*

お部屋のタイプはいかがなさいますか。
*O-heya no taipu wa ikaga nasaimasu ka?*

申し訳ございません。15日は予約でいっぱいです。16日でしたら空いておりますが……。
*Mōshiwake gozaimasen. Jūgo-nichi wa yoyaku de ippai desu. Jūroku-nichi deshitara aite orimasu ga…*

こちらのタイプですと、税込みで、ご1泊8000円になります。
*Kochira no taipu desu to, zēkomi de, go-ippaku hassen-en ni narimasu.*

では7月16日と17日、シングルの2泊でご予約を承りました。
*Dewa shichi-gatsu jūroku-nichi to jūshichi-nichi, shinguru no ni-haku de go-yoyaku o uketamawarimashita.*

第七章　电话的基本应对

# Unit 3

## 電話応対③
### 电话对应③
～对方不在的场合～

掌握对方不在时的对应语句。

**CD-2 38**

☐ **1** 我是 ABC 的，我姓森，请问田中店长在吗？　　▶ エービーシーの…

☐ **2** 田中还没到公司，过会儿让他给您回个电话吧。　　▶ たなかは
　　● 回个电话→折り返し

☐ **3** 田中现在出去吃午饭了…。回来后让他给您回电话吧。　　▶ たなかは

☐ **4** 从这里给您打过去吧。　　▶ こちらから

☐ **5** 他回来的话，请他给我回个电话好吗？　　▶ おもどりに

☐ **6** 田中现在出去办事了，您有急事吗？　　▶ たなかは

☐ **7** 田中出去办事了，预定3点回来。　　▶ たなかは

☐ **8** 那么，我给他打手机试试。　　▶ では

## 「ウチ／内」与「ソト／外」

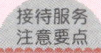

**接待服务注意要点**

日语里有「ウチ」与「ソト」的说法。跟顾客会话时，对自己店里的工作人员（工作人员是「ウチ」）不能用敬语。应该说「のちほど、当店店長の田中がお伺いします／过会儿店长田中会来。」

---

**ABCの森と申しますが、田中店長はいらっしゃいますか。**
Ēbīshī no Mori to mōshimasu ga, Tanaka tenchō wa irasshaimasu ka?

---

**田中はまだ出社しておりません。折り返しお電話差し上げるようにいたしましょうか。**
Tanaka wa mada shussha shite orimasen. Orikaeshi o-denwa sashiageru yō ni itashimashō ka?
＊出社する：上班（来公司）

---

**田中は今、お昼に出ておりますが……。戻りましたら、お電話するように申し伝えましょうか。**
Tanaka wa ima, o-hiru ni dete orimasu ga…. Modorimashitara, o-denwa suru yō ni mōshitutaemashō ka?
＊申し伝える：「伝える」的自谦语

---

**こちらからお電話させましょうか。**
Kochira kara o-denwa sasemashō ka?

---

**お戻りになったら、コールバックをいただけますか。**
O-modori ni nattara, kōrubakku o itadakemasu ka?

---

**田中はただ今外出しておりますが、お急ぎでしょうか。**
Tanaka wa tadaima gaishutsu shite orimasu ga, o-isogi deshō ka?

---

**田中は出かけておりまして、戻りが３時の予定です。**
Tanaka wa dekakete orimashite, modori ga san-ji no yotē desu.

---

**では、携帯に連絡をとってみます。**
Dewa, kētai ni renraku o tottemimasu.

# Unit 4

## 電話応対④
### 电话对应④
～转达留言～

掌握有关转达留言的基本用句。

**CD-2 39**

| | | |
|---|---|---|
| ☐ 1 | 能请您转达一下吗？ | ▶ でんごん |
| | ● 转达→伝言 | |
| ☐ 2 | 好的。那您请说。 | ▶ かしこまりました |
| ☐ 3 | 您是想更改约定会面时间吧。知道了。 | ▶ おやくそく |
| ☐ 4 | （不好意思。）能再告诉我一下您的姓名吗？ | ▶ もういちど |
| ☐ 5 | 那我会转达给他。 | ▶ では |
| ☐ 6 | 我姓田中，我一定转达。 | ▶ わたくし |
| ☐ 7 | 要我转达给他吗？ | ▶ ごでんごん |
| ☐ 8 | 如果可以的话，我可以转达给他 …。 | ▶ よろしければ |

## 不要让对方久等

打电话时，注意不要让对方做不必要的等待。也许对方很忙，不能接电话。客人打来电话时，要考虑顾客所花费的电话费，尽量要简明扼要。

---

伝言をお願いできますか。
Dengon o onegai dekimasu ka?

---

かしこまりました。では、どうぞ。
Kashikomarimashita. Dewa, dōzo.

---

お約束の時間を変更されたいとのことですね。承知いたしました。
O-yakusoku no jikan o henkō saretai to no koto desu ne? Shōchi itashimashita.

---

（恐れ入ります。）もう一度お名前をいただけますか。
(Osoreirimasu.) Mō ichido o-namae o itadakemasu ka?

---

では、伝えておきます。
Dewa, tsutaete okimasu.

---

わたくし、田中が承りました。
Watakushi, Tanaka ga uketamawarimashita.

＊承る：受理

---

ご伝言を承りましょうか。
Go-dengon o uketamawarimashō ka?

---

よろしければ、ご伝言を承りますが……。
Yoroshikereba, go-dengon o uketamawarimasu ga….

# Unit 5

## 電話応対⑤
### でんわおうたい
**电话对应⑤**
～其他～

掌握连接及保留电话等场面的基本语句。

CD-2 40

☐ 1　您怎么了？／您有什么事吗？　　　　　▸ どういった…
　　　● 事情→用件
　　　　　　　ようけん

☐ 2　我接一下负责人，请您稍等一下。　　　▸ たんとうしゃ

☐ 3　〈转接电话〉你好，我是负责人田中。　　▸ おでんわ

☐ 4　我来确认一下，请稍等。。。让您久等了。　▸ おしらべ…

☐ 5　有点儿听不清楚…。　　　　　　　　　▸ ちょっと

☐ 6　对不起，请您再说一遍好吗？　　　　　▸ すみません

☐ 7　那给您留着吧。　　　　　　　　　　　▸ おとりおき

☐ 8　对不起，您是哪位？　　　　　　　　　▸ しつれい

## 不要表露出感情

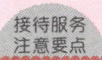

接待服务注意要点

客人中有各种各样的人。也许有没听清你说的日语而表示不满的。不过，这个时候，你要诚意地说声对不起，然后再说一遍，要有礼貌地应对。

**どういったことでしょうか。／どういったご用件でしょうか。**
Dōitta koto deshō ka? / Dōitta go-yōken deshō ka?
＊どういった：怎样的

**担当者におつなぎしますので、しばらくお待ちください。**
Tantōsha ni o-tsunagi shimasu node, shibaraku o-machi kudasai.

**〈電話を取り次がれて〉お電話代わりました。担当の田中と申します。**
〈Denwa o toritsugarete〉 O-denwa kawarimashita. Tantō no Tanaka to mōshimasu.

**お調べしますので、少々お待ちください。・・・お待たせしました。**
O-shirabe shimasu node, shōshō o-machi kudasai. ….O-matase shimashita.

**ちょっとお電話が遠いようなんですが……。**
Chotto o-denwa ga tōi yō na n desu ga….
＊（電話が）遠い：（电话）听不见

**すみません、もう一度よろしいですか。**
Sumimasen, mō ichido yoroshī desu ka?

**お取り置きしましょうか。**
O-torioki shimashō ka?

**失礼ですが、どちら様でしょうか。**
Shitsurē desu ga, dochira-sama deshō ka?
＊（お）取り置き：保留

# 単語＆ミニフレーズ
## 单词＆惯用句

| | |
|---|---|
| あいにく、田中は本日は休ませていただいております。 | Tanaka wa honjitsu wa mō shitsureisasete itadakimashita.<br>真不凑巧，田中今天休息。 |
| 田中は本日はもう失礼させていただきました。 | Aoki wa tadaima hoka no denwa ni dete orimasu.<br>田中今天已经下班了。 |
| 青木はただ今ほかの電話に出ております。 | Nen no tame, o-denwabangō o onegai itashimasu.<br>青木现在在接一个别的电话。 |
| 念のため、お電話番号をお願いいたします。 | Osoreirimasuga, mōichido, on-shamē to o-namae o o-ukagaishitemo yoroshīdeshōka.<br>为了慎重起见，请说一下您的电话号码。 |
| 恐れ入りますが、もう一度、御社名とお名前をお伺いしてもよろしいでしょうか。 | Shita no o-namae mo o-ukagaishite yoroshīdeshōka.<br>不好意思，可以再问一下您的公司和姓名吗？ |
| 下のお名前もお伺いしてよろしいでしょうか。 | Osoreirimasuga, donoyōna ji o o-kaki ni narimasuka.<br>可以问一下您叫什么名字吗？ |
| 恐れ入りますが、どのような字をお書きになりますか。 | Ichi-do kirasete itadakimasu.<br>不好意思，汉字怎么写？ |
| 一度切らせていただきます。 | 请允许我挂断一下。 |

# 第8章

## 緊急・トラブル

緊急、纠纷

急病人①〜②／地震／火災／
避難／落とし物・忘れ物

突发病人①〜②／地震／火灾／
避难／丢失品、遗失品

# Unit 1

## 急病人①
きゅうびょうにん

### 突发病人①
～打招呼～

掌握确认病人身体情况及与突发病人对话时最初使用的基本用语。

**CD-2 41**

- [ ] 1 您怎么了? ▸ どう

- [ ] 2 不要紧吗？您能听得见吗? ▸ だいじょうぶ

- [ ] 3 我有点儿不舒服…。 ▸ ちょっと

- [ ] 4 我有点儿头晕。 ▸ ちょっと

- [ ] 5 您哪儿疼吗? ▸ どこか

- [ ] 6 请您在这儿休息一下吧。 ▸ しばらく

- [ ] 7 您尽量让自己感到舒适。
  ● 尽量→なるべく ▸ なるべく

- [ ] 8 您要躺下吗? ▸ ちょっと

第8章　緊急・トラブル

## 先做应急措施

接待服务
注意要点

突然出现有人病倒时，首先要采取应急措施。如呼叫病人、让病人躺下、止血等。然后确认病人的身体状态，与同伴人及家属协作，再叫救护车等。

### どうなさいましたか。
Dō nasaimashita ka?

### 大丈夫ですか、聞こえますか。
Daijōbu desu ka? Kikoemasu ka?

### ちょっと気分が悪くて……。
Chotto kibun ga warukute….

### ちょっとめまいがしたんです。
Chotto memai ga shita n desu.

### どこか痛いところがありますか。
Dokoka itai tokoro ga arimasu ka?

### しばらくこちらで休んでください。
Shibaraku kochira de yasunde kudasai.

### なるべく楽にしてください。
Narubeku raku ni shite kudasai.　　＊なるべく：尽量　　＊楽にする：自我感到舒服／放松

### ちょっと横になりますか。
Chotto yoko ni narimasu ka?　　　　　　　　　　　　　＊横になる：躺下

第八章　緊急、糾紛

# Unit 2

## 急病人 ②
### きゅうびょうにん
### 突发病人 ②
### ～确认～

掌握确认突发病人有没有意识及其症状的基本用语。

**CD-2 42**

□ 1　〈在附近的其他人〉这个人突然倒下了。　　　▶ きゅうに

□ 2　给您叫救护车吧。　　　▶ きゅうきゅうしゃ

□ 3　现在马上就给您叫救护车。　　　▶ いますぐ
　　●现在马上→今すぐ
　　　　　　　　いま

□ 4　您能走吗?　　　▶ あるけ…

□ 5　有跟您一起来的人吗?　　　▶ どたなか

□ 6　今天您一个人来的吗?　　　▶ きょうは

□ 7　您是他（她）的家人吗? ／您是他（她）的熟人吗?　　　▶ ごかぞく

□ 8　请您告诉我您家人的电话号码可以吗?　　　▶ ごかぞく

## 极速的应对最重要

接待服务
注意要点

紧急的场合下，要把应急放在首位。要简明扼要，用词方面不必太介意。

〈近くにいる別の人〉 急に倒れたんです。
〈chikaku ni iru betsu no hito〉 Kyū ni taoreta n desu.

救急車をお呼びしましょうか。
Kyūkyūsha o o-yobi shimashō ka?

今すぐ救急車をお呼びします。
Imasugu kyūkyūsha o o-yobi shimasu.

＊今すぐ：现在马上就

歩けますか。
Arukemasu ka?

どなたかお連れの方はいますか。
Donataka o-tsure no kata wa imasu ka?

＊(お)連れ(の方)：同伴儿

今日はお一人ですか。
Kyō wa o-hitori desu ka?

ご家族の方ですか。／お知り合いの方ですか。
Go-kazoku no kata desu ka? / O-shiriai no kata desu ka?

ご家族のお電話番号を教えていただけますか。
Go-kazoku no o-denwa bangō o oshiete itadakemasu ka?

# Unit 3 地震
## じしん
### 地震

～地震发生时的基本应对～

记住地震发生时，为了顾客的安全，最先要说的基本用句。

**CD-2 43**

☐ 1　请压低身体。　　　　　　　　　　　　　　▶ しせい

☐ 2　请保护好头。　　　　　　　　　　　　　　▶ あたま

☐ 3　请将身体躲到桌子下。　　　　　　　　　　▶ つくえ

☐ 4　请远离窗户。　　　　　　　　　　　　　　▶ まどガラス

☐ 5　请小心从上面落下的东西及倒下的东西。　　▶ うえから

☐ 6　注意落下来的东西。　　　　　　　　　　　▶ らっかぶつ

☐ 7　在震动结束之前，请在原地确保自身安全。　▶ ゆれ
　　● 在原地→その場で、そこで

## 如果发生了地震…

要掌握防灾的基本知识。地震时，要「保护头」、「注意落下及倒下的东西」、「远离窗户」、「在大的震晃完结束之前，将身子躲在安全的地方，静静等候」「灭火」等。

接待服务
注意要点

---

姿勢を低くしてください。
Shisē o hikuku shite kudasai.

頭を守ってください。
Atama o mamotte kudasai.

机の下に身を隠すなどしてください。
Tsukue no shita ni mi o kakusu nado shite kudasai.

＊身を隠す：躲起来

窓ガラスから離れてください。
Madogarasu kara hanarete kudasai.

上から落ちてくるものや倒れてくるものに気をつけてください。
Ue kara ochitekuru mono ya taoretekuru mono ni ki o tsukete kudasai.

落下物に気をつけてください。
Rakkabutsu ni ki o tsukete kudasai.

揺れが収まるまで、その場で安全を確保してください。
Yure ga osamaru made, sonoba de anzen o kakuho shite kudasai.

# Unit 4

## 火災
### かさい
### 火灾
### ～有关火灾的基本应对～

记住在火灾发生及有可能发生时发出的指示及引导顾客避难的基本用句。

**CD-2 44**

☐ **1** 刚才紧急警报响了，我们在做安全确认。　　　▶ さきほど
　　　• 刚才→先ほど、さっき

☐ **2** 请大家原地等候。　　　▶ このまま

☐ **3** 刚才火灾警报响了，但是没有火灾发生。　　　▶ さきほど

☐ **4** 刚才楼内发生了小型火灾，火势已经控制，现已确认安全。　　　▶ さきほど

☐ **5** （各位顾客请注意）现在发生火灾，请大家迅速避难。　　　▶ かさい

☐ **6** 请用湿手绢捂住鼻子和嘴，不要将烟吸进去。　　　▶ ぬれた

## 平时做好确认很关键

事先确认好避难方法及避难路线是非常关键的。诱导顾客避难的人注意不要慌张。

---

### 先ほど非常ベルが鳴りましたので、安全確認をしております。

Sakihodo hijō-beru ga narimashita node, anzenkakunin o shite orimasu.

---

### このままでしばらくお待ちください。

Konomama de shibaraku o-machi kudasai.

---

### 先ほど火災報知器が鳴りましたが、火災の発生はありませんでした。

Sakihodo kasai-hōchiki ga narimashitaga, kasai no hassē wa arimasen deshita.

---

### 先ほどビル内でボヤが発生しましたが、火は収まり、安全が確認されました。

Sakihodo biru nai de boya ga hassē shimashita ga, hi wa osamari, anzen ga kakunin saremashita.

＊ボヤ：小火灾　＊収まる：平息／控制

---

### 火災が発生しておりますので、速やかに避難してください。

Kasai ga hassē shite orimasu node, sumiyakani hinan shite kudasai.

---

### 濡れたハンカチで鼻と口を押さえて、煙を吸わないようにしてください。

Nureta hankachi de hana to kuchi o osaete, kemuri o suwanai yō ni shite kudasai.

# Unit 5

## 避難
ひなん

### 避难
～安全避难～

记住在灾害发生时，为了安全避难而发出的指示及引导顾客避难的基本用句。

**CD-2 45**

☐ **1** 请大家冷静行动。 　　　　　　　　　　　　▸ おちついて

☐ **2** 请大家按照工作人员的指示行动 　　　　　　▸ スタッフ

☐ **3** 请不要利用电梯。 　　　　　　　　　　　　▸ エレベーター

☐ **4** 请使用紧急楼梯避难。 　　　　　　　　　　▸ ひじょうかいだん

☐ **5** 紧急出口在走廊的尽头。 　　　　　　　　　▸ ひじょうぐち6

☐ **6** 避难时请大家不要慌乱，不要拥挤。 　　　　▸ あわてず
　　　• 别慌→慌てず、慌てないで
　　　　　　あわ　　　あわ

☐ **7** 请跟随我来。 　　　　　　　　　　　　　　▸ わたしども

## 情报要准确

避难时，提供有关避难场所及避难路线最关键。用简洁易懂的语言来传达正确的情报非常重要。

---

### 落ち着いて行動してください。
Ochitsuite kōdō shite kudasai.

＊落ち着く：稳定

---

### スタッフの指示に従うよう、ご協力ください。
Sutaffu no shiji ni shitagau yō, go-kyōryoku kudasai.

---

### エレベーターは使わないでください。
Erebētā wa tsukawanaide kudasai.

---

### 非常階段を使って避難してください。
Hijōkaidan o tsukatte hinan shite kudasai.

---

### 非常口はこの廊下の突き当たりです。
Hijōguchi wa kono rōka no tsukiatari desu.

＊突き当たり：尽头

---

### 慌てず、押し合わずに避難してください。
Awatezu, oshiawazu ni hinan shite kudasai.

＊押し合う：拥挤

---

### 私どもの後についてきてください。
Watakushidomo no ato ni tsuite kite kudasai.

# Unit 6

## 落とし物・忘れ物
### 丢失品、遗失品

掌握顾客丢失了钱包或忘记了什么东西时的应对语句。

**CD-2 46**

☐ 1 请问，今天早上我去过你们那里，有没有捡到钱包？ ▸ すみません

☐ 2 您坐在什么地方？ ▸ どのあたり

☐ 3 我去确认一下，请稍等。 ▸ かくにんします

☐ 4 顾客您好！我们确认了一下，没有您丢失的东西。 ▸ おきゃくさま

☐ 5 现在还没有人送来您所丢失的东西。 ▸ いまのところ
● 丢失物品→落とし物

☐ 6 对不起，雨伞好像忘在你们店里了，能请您给看一下吗？ ▸ あのう

☐ 7 是什么样的雨伞？ ▸ どんな

☐ 8 顾客您好！（您的雨伞）在这里，那我们先给您保管一下，请您再到店里领取。 ▸ おきゃくさま

## 不要马上就说「ない」

接待服务
注意要点

对向你提问的顾客来说是很重要的事情。所以不要马上就说没有，要好好确认后再做有礼节的答复。

**すみません、今朝そちらに行ったんですが、財布の落とし物はなかったでしょうか。**
Sumimasen, kesa sochira ni itta n desu ga, saifu no otoshimono wa nakatta deshō ka?

**どの辺りにお座りになりましたか。**
Dono atari ni o-suwari ni narimashita ka?

＊辺り：周辺

**確認しますので、少々お待ちください。**
Kakunin shimasu node, shōshō o-machi kudasai.

**お客様、確認しましたが、それらしいものはございませんでした。**
O-kyaku-sama, kakunin shimashita ga, sorerashī mono wa gozaimasen deshita.

**今のところ、そのような落とし物は届いておりません。**
Imanotokoro, sonoyōna otoshimono wa todoite orimasen.

**あのう、お店に傘を置き忘れたみたいなんですが、見てもらえますか。**
Anō, o-mise ni kasa o okiwasureta mitai na n desu ga, mite moraemasu ka?

**どんな傘でしょうか。**
Donna kasa deshō ka?

**お客様、ございました。では、こちらで保管しておきますので、また、お店のほうにお越しください。**
O-kyaku-sama, gozaimashita. Dewa, kochira de hokan shiteokimasu node, mata, o-mise no hō ni okoshi kudasai.

# 単語＆ミニフレーズ
## 単詞＆慣用句

| | |
|---|---|
| 貧血（ひんけつ） | hinketsu / 贫血 |
| めまい | memai / 头晕 |
| 吐き気（はけ） | hakike / 恶心 |
| 腹痛（ふくつう） | fukutsū / 肚子疼 |
| 気を失う（きうしな） | ki o ushinau / 没有意识 |
| 血が出る／出血する（ちでしゅっけつ） | chi ga deru/shukketsusuru / 出血／出血 |
| 震えています。（ふる） | Furueteimasu. / 颤抖 |
| 意識はあります。（いしき） | Ishiki wa arimasu. / 有意识。 |
| 出血しています。（しゅっけつ） | Shukketsushiteimasu. / 在出血。 |
| 無理しないでください。（むり） | Murishinai de kudasai. / 请不要勉强。 |
| 壁にぶつかる（かべ） | kabe ni butsukaru / 撞到墙上 |
| けがをする | kega o suru / 受伤 |
| 安全（な）（あんぜん） | anzen(na) / 安全 |
| 震度（しんど） | shindo / 震级 |
| 津波（つなみ） | tsunami / 海啸 |
| 余震（よしん） | yoshin / 余震 |
| 揺れる（ゆ） | yureru / 摇晃 |
| 消火器（しょうかき） | shōkaki / 灭火器 |
| 危ないから近づかないでください。（あぶ　　ちか） | Abunai kara chikazukanai de kudasai. / 危险，请不要靠近。 |
| 慌てないでください。（あわ） | Awatenai de kudasai. / 请不要慌乱。 |

緊急・トラブル（きんきゅう）

# 丁寧表現早見表
敬语速览表

## 1. 尊敬語／尊敬的言语

表現例／表达例

| 原形 | 尊敬語 | 表現例 |
|---|---|---|
| いる（在） | いらっしゃる | ● 今、どちらにいらっしゃいますか。 |
| 行く（去） | いらっしゃる、行かれる | ● 昨日はどちらにいらっしゃいましたか。<br>● 美術館へはもう行かれましたか。 |
| 来る（来） | いらっしゃる、おいでになる、見える、お越しになる | ● 何時にいらっしゃいますか。<br>● タクシーでおいでになりますか。<br>● 田中様がお見えになりました。<br>● いつお越しになりますか。 |
| する（做） | なさる、される | ● コピーをなさいますか。<br>● チャージをされますか。 |
| 食べる（吃） | 召し上がる | ● デザートを召し上がりますか。 |
| 飲む（喝） | 召し上がる、お飲みになる | ● どうぞ、一杯召し上がってください。<br>● 何をお飲みになりますか。 |
| 言う（说） | おっしゃる | ● もう一度おっしゃってください。 |
| 見る（看） | ご覧になる | ● メニューをご覧になりますか。<br>● あちらをご覧ください。 |
| 聞く（听） | お聞きになる | ● 場所はお聞きになりましたか。 |
| 尋ねる（问） | お尋ねになる | ● 受付でお尋ねください。 |
| 知る（知道） | お知りになる | ● 詳しくお知りになりたい場合は、こちらにお電話ください。 |
| 知っている（知道） | ご存じ | ● よくご存じですね。 |
| わかる（知道） | おわかりになる、ご理解いただく | ● 場所はおわかりになりますか。<br>● ご理解いただけますか。<br>● どうぞ、ご理解ください。 |
| 会う（见） | お会いになる、会われる | ● ご家族とお会いになれましたか。 |
| 帰る（回家） | お帰りになる、帰られる | ● 田中様はもうお帰りになりました。<br>● こちらの出口からお帰りください。 |
| 待つ（等） | お待ちになる、お待ちくださる | ● お待ちになりますか。<br>● 少しお待ちくだされば、大丈夫です。 |
| 座る（坐下） | おかけになる、お座りになる | ● こちらにおかけになってお待ちください。 |
| 着る（穿） | お召しになる、召す | ● 一度お召しになってみてください。 |
| 持つ（有） | お持ちでいらっしゃる | ● かさはお持ちでいらっしゃいますか。 |

| 動詞 | 尊敬語 | 例文 |
|---|---|---|
| 持っていく（帯（去）） | お持ちになる | ・かさをお持ちになってください。 |
| 持ってくる（拿来） | お持ちになる | ・チケットをお持ちになってください。 |
| 連れる（领） | お連れになる | ・お連れのお客様がお待ちです。 |
| 出発する（出发） | お発ちになる | ・何時に東京をお発ちになりますか。 |
| 着く（到） | お着きになる | ・何時に東京にお着きになりますか。 |
| 与える（给与） | くださる | ・ご予約をくださり、ありがとうございます。 |
| もらう（得到） | お受け取りになる | ・チケットはお受け取りになりましたか。 |
| 返す（还） | お戻しになる、お返しになる | ・カギはこちらにお戻しください。 |
| 買う（买） | お求めになる、お買い求めになる、お買い上げになる | ・お求めの商品はこちらでしょうか。<br>・売店でお買い求めになれます。<br>・お買い上げ、ありがとうございます。 |
| 話す（说） | お話しになる、話される | ・日本語を話されますか。 |
| 読む（读） | お読みになる | ・後でよくお読みになっておいてください。 |
| 乗る（乘坐） | ご乗車になる、ご乗車される | ・バスにご乗車になってお待ちください。 |
| 急ぐ（赶紧） | お急ぎになる、急がれる | ・お急ぎになったほうがいいと思います。 |
| ゆっくりする（减慢） | ごゆっくりなさる、ごゆっくりされる | ・どうぞ、ごゆっくりなさってください。 |
| 出かける（出去） | お出かけになる、出かけられる | ・何時にお出かけになりますか。 |
| 電話に出る（接电话） | 電話にお出になる | ・電話にお出になりませんでした。 |
| 気に入る（喜欢） | お気に召す | ・お気に召しましたか。 |
| 声をかける（打招呼） | 声をおかけになる、お声がけになる | ・いつでもお声がけください。 |
| やめる（不要） | おやめになる | ・こちらの赤はおやめになりますか。 |
| 間違える（出错） | お間違えになる | ・席をお間違えにならないようにしてください。 |
| けがをする（受伤） | けがをされる | ・けがをされないよう、ご注意ください。 |
| 利用する（利用） | ご利用になる、利用される | ・袋はご利用になりますか。<br>・こちらを利用されるのは初めてですか。 |
| 注文する（订） | ご注文になる、注文される | ・いつ、ご注文になりましたか。<br>・もう注文されましたか。 |
| キャンセルする（取消） | キャンセルなさる | ・キャンセルなさいますか。 |

## 2. 謙譲語／自谦语

| | | 表現例／表达例 |
|---|---|---|
| いる 在 | おる | ● 午後はずっと店におります。 |
| 行く 去 | うかがう、参る | ● これからお部屋に伺います。 |
| 来る 来 | 参る | ● 明日、2時ごろに参ります。 |
| する 做 | させていただく | ● では、お会計をさせていただきます。 |
| 言う 说 | 申す、申し上げる | ● では、番号を申し上げます。 |
| 見る 看 | 拝見する | ● チケットを拝見します |
| 聞く 听 | うかがう、お伺いする、お聞きする、拝聴する | ● お名前をうかがっても、よろしいですか。 |
| 尋ねる 问 | お伺いする、お尋ねする、お聞きする | ● ご注文をお伺いします。 |
| 知る 知道 | 存じる、存じ上げる、承知する | ● お名前は存じております。 |
| 知らない 不知道 | 存じてない、存じ上げない | ● 詳しくは存じ上げません。 |
| わかる 知道 | かしこまる、承知する | ● ご予約、かしこまりました。 |
| 会う 见 | お目にかかる | ● お目にかかったことがございます。 |
| 帰る 回去 | 失礼する、帰らせていただく | ● 田中は本日はもう失礼いたしました。 |
| 待つ 等 | お待ちする | ● では、ご連絡をお待ちしております。 |
| 座る 坐下 | 座らせていだく | ● では、座らせていただきます。 |
| あげる 给 | 差し上げる | ● こちらの袋は差し上げます。<br>● また、ご連絡を差し上げます。 |
| もらう 得到 | いただく、頂戴する | ● お申し込みをいただき、ありがとうございます。 |
| 見せる 出示 | ご覧に入れる、お見せする | ● サンプルをご覧に入れます。 |
| 持っていく 带去 | お持ちする | ● メニューをお持ちします。 |
| 預かる 寄存 | お預かりする | ● カードをお預かりします。 |
| 返す 还 | お返しする | ● カードをお返しします。 |
| 調べる 调査 | お調べする | ● お調べしますので、少々お待ちください。 |
| 知らせる 通知 | お知らせする | ● メールでお知らせします。 |

| 付ける<br>つ　　附上 | お付けする<br>　　つ | ●おはしはお付けしますか。 |
| --- | --- | --- |
| 下げる<br>さ　　撤下 | お下げする<br>　　さ | ●メニューをお下げします。 |
| 電話する<br>でんわ　打电话 | お電話する<br>　　でんわ | ●後でまた、お電話します。<br>あと　　　　でんわ |
| 説明する<br>せつめい　说明 | ご説明する<br>　　せつめい | ●では、ご説明いたします。<br>　　　せつめい |
| 案内する<br>あんない　介绍 | ご案内する<br>　　あんない | ●席をご案内いたします。<br>せき　　あんない |

## 3. さまざまな丁寧表現／各种各样的敬重的表达
　　　　　　　　ていねいひょうげん

| 明日<br>あした | 明日<br>あす　明天 | 去年<br>きょねん | 昨年<br>さくねん　去年 | どこ | どちら<br>　　在哪里 |
| --- | --- | --- | --- | --- | --- |
| 明後日<br>あさって | 明後日<br>みょうごにち　后天 | 一昨年<br>おととし | 一昨年<br>いっさくねん　前年 | こっち | こちら<br>　　这里 |
| 昨日<br>きのう | 昨日<br>さくじつ　昨天 | もうすぐ | 間もなく<br>ま　　马上 | あっち | あちら<br>　　那里 |
| 一昨日<br>おととい | 一昨日<br>いっさくじつ　前天 | いま | ただいま<br>　　現在 | そっち | そちら<br>　　那里 |
| 昨日の夜<br>きのう　よる　昨天晚上 | 昨夜<br>さくや | さっき | 先ほど<br>さき　刚才 | どっち | どちら<br>　　哪个（方面） |
| 明日の朝<br>あした　あさ　明天早晨 | 明朝<br>みょうちょう | あとで | 後ほど<br>のち　过后 | ちょっと | 少々<br>しょうしょう　有点 |
| 今日<br>きょう | 本日<br>ほんじつ　今天 | 前に<br>まえ | 以前<br>いぜん　以前 | とても | 大変<br>たいへん　很 |
| この間、この前<br>あいだ　　まえ　最近 | 先日<br>せんじつ | すぐに | さっそく<br>　　马上 | すごく | 非常に<br>ひじょう　厉害 |
| その日<br>ひ　那天 | 当日<br>とうじつ | 今回<br>こんかい | このたび<br>　　这次 | どのくらい | いかほど<br>　　多少 |
| | | | | ～くらい | ～ほど<br>　　约～ |

## ● 相手（客）の～、誰かの～／対方（客人）的，谁的
　　あいて　きゃく　　　だれ

| 主人<br>しゅじん　主人 | ご主人（様）<br>　　しゅじん　さま | おじいさん<br>　　老大爷 | おじい様<br>　　　さま | 娘<br>むすめ　女儿 | 娘さん、<br>むすめ<br>お嬢様<br>　　じょうさま |
| --- | --- | --- | --- | --- | --- |
| 奥さん<br>おく | 奥様<br>おくさま　妻子 | おばあさん<br>　　老太太 | おばあ様<br>　　　さま | 家族<br>かぞく　家族 | ご親族様<br>　　しんぞくさま |
| 父<br>ちち　父亲 | お父様<br>　とうさま | 子供<br>こども　小孩 | お子様（方）、<br>　　こさま　がた<br>お子さん<br>　　こ | 親戚<br>しんせき　亲戚 | ご親戚様<br>　　しんせきさま |
| 母<br>はは　母亲 | お母様<br>　かあさま | 息子<br>むすこ　儿子 | 息子さん、<br>むすこ<br>お坊ちゃま<br>　ぼっ | 友人<br>ゆうじん　朋友 | ご友人、<br>　　ゆうじん<br>お友達<br>　ともだち |
| 両親<br>りょうしん　父母 | ご両親（様）<br>　　りょうしん　さま | | | | |

# 丁寧表現早見表

| 客、お客さん<br>きゃく きゃく | お客様<br>きゃくさま | 会社<br>かいしゃ | 貴社、御社<br>きしゃ おんしゃ | 家<br>いえ | お宅、<br>たく<br>ご自宅<br>じたく |
|---|---|---|---|---|---|
| 客人 | | 公司 | | 房子 | |
| 皆さん<br>みな | 皆様<br>みなさま | 手紙<br>てがみ | お手紙、<br>てがみ<br>お便り<br>たよ | 返事<br>へんじ | お返事<br>へんじ |
| | 各位 | 信 | | 回应 | |
| あの人<br>ひと | あちらの方<br>かた | 名前<br>なまえ | お名前<br>なまえ | 答え<br>こた | お答え、<br>こた<br>ご回答<br>かいとう |
| 那个人 | | | 名字 | | 回答 |
| この人<br>ひと | こちらの方<br>かた | 住所<br>じゅうしょ | ご住所<br>じゅうしょ | | |
| 这个人 | | 地址 | | | |

## ● 自分の〜、自分の店の〜／自己的，自己的店的

| 私<br>わたし | 私<br>わたくし | 店<br>みせ | 当店<br>とうてん | 係<br>かかり | 係の者<br>かかり もの |
|---|---|---|---|---|---|
| | 我 | | 商店 | | 负责人 |
| 私たち<br>わたし | 私ども<br>わたくし | 会社<br>かいしゃ | 小社、当社<br>しょうしゃ とうしゃ<br>弊社<br>へいしゃ | 担当者<br>たんとうしゃ | 担当の者<br>たんとう もの |
| | 我们 | | 公司 | | 负责人 |
| | | | | 店員<br>てんいん | 店の者<br>みせ もの |
| | | | | | 店员 |

## 4.「お〜」「ご〜」の表現／「お〜」「ご〜」的表达

### ● お〜

主に名詞・形容詞・動詞「Vます」に付く。／主要接名詞/形容詞/動詞"Vます"

| お車<br>くるま 车 | お皿<br>さら 盘子 | お料理<br>りょうり 菜 | お部屋<br>へや 房间 | お風邪<br>かぜ 感冒 | お疲れ<br>つか 疲劳 |
|---|---|---|---|---|---|
| お体<br>からだ 身体 | お食事<br>しょくじ 用餐 | お荷物<br>にもつ 行李 | お友達<br>ともだち 朋友 | お祝い<br>いわ 祝贺 | お好き(な)<br>す 喜欢 |
| お席<br>せき 座位 | お時間<br>じかん 时间 | お品物<br>しなもの 物品 | お会計<br>かいけい 会计 | お急ぎ<br>いそ 赶紧 | お忙しい<br>いそが 忙 |
| お肉<br>にく 肉 | お電話<br>でんわ 电话 | お名前<br>なまえ 名字 | お仕事<br>しごと 工作 | お済み<br>す 完成 | お得(な)<br>とく 有利 |

### ● ご〜

主に名詞・動詞「Vする」に付く。／主要接名詞/動詞"Vする"

| ご本<br>ほん 书 | ご案内<br>あんない 向导 | ご住所<br>じゅうしょ 地址 | ご気分<br>きぶん 心情 | ご注意<br>ちゅうい 注意 | ご満足<br>まんぞく 满意 |
|---|---|---|---|---|---|
| ご注文<br>ちゅうもん 订货 | ご連絡<br>れんらく 联络 | ご署名<br>しょめい 签名 | ご出発<br>しゅっぱつ 出发 | ご相談<br>そうだん 咨询 | ご迷惑<br>めいわく 麻烦 |
| ご希望<br>きぼう 希望 | ご家族<br>かぞく 家人 | ご伝言<br>でんごん 留言 | ご招待<br>しょうたい 招待 | ご協力<br>きょうりょく 合作 | ご無理<br>むり 是不可能的 |
| ご予約<br>よやく 预订 | ご友人<br>ゆうじん 朋友 | ご病気<br>びょうき 疾病 | ご説明<br>せつめい 说明 | ご興味<br>きょうみ 兴趣 | |

● 監修者・著者

水谷 信子（お茶の水女子大学・明海大学名誉教授、元アメリカ・カナダ大学連合日本研究センター教授、元ラジオ講座「100万人の英語」講師など）

● 著者

有田聡子（弥勒の里国際文化学院日本語学校専任講師）／高橋尚子（熊本外語専門学校専任講師）／寺田則子（北京科技大学国際学院国際事業部長、大阪電気通信大学国際交流センター日本語教育担当）

| | |
|---|---|
| カバーデザイン | 花本浩一 |
| 本文デザイン／DTP | オッコの木スタジオ |
| イラスト | 藤井アキヒト |
| 翻訳 | 司馬黎／王雪 |
| ナレーション | 李卓／都さゆり |
| 協力 | ショーバ中国語センター／黒岩しづ可 |

## すぐに使える 接客日本語会話大特訓 [中国語版] 決まり文句700

平成28年（2016年）9月10日　初版第1刷発行
令和元年（2019年）7月10日　　　第2刷発行

| | |
|---|---|
| 監修者 | 水谷信子 |
| 著　者 | 水谷信子／有田聡子／高橋尚子／寺田則子 |
| 発行人 | 福田富与 |
| 発行所 | 有限会社Jリサーチ出版 |
| | 〒166-0002　東京都杉並区高円寺北2-29-14-705 |
| 電　話 | 03(6808)8801（代）　FAX 03(5364)5310 |
| 編集部 | 03(6808)8806 |
| | http://www.jresearch.co.jp |
| 印刷所 | 中央精版印刷株式会社 |

ISBN 978-4-86392-307-2
禁無断転載。なお、乱丁、落丁はお取り替えいたします。

©2016　Nobuko Mizutani, Satoko Arita, Naoko Takahashi, Noriko Terada  All rights reserved.
　　　　Printed in Japan

# ⬇ 音声下载程序

| 步骤 1 | 点击音声下载用的网站<br>（输入下面的 URL）<br><br>　　　　网站 **URL：http://febe.jp/jresearch** |

⬇

| 步骤 2 | 从显示的画面进入 FeBe 的注册画面。 |

※音声下载需要有声读物电信服务「FeBe」的会员注册（免费）

⬇

| 步骤 3 | 注册后，在序列号栏里输入「23072」，然后点击「送信」。 |

⬇

| 步骤 4 | 单击"音声を本棚に追加する"的按钮。 |

⬇

| 步骤 5 | 使用智能手机的话，会出现程序应用的提示，请从应用程序上利用。使用电脑的话，从「书架」上下载音声文件夹后便可使用。 |

---

**❗ 注意**

・下载需要有声读物电信服务 FeBe 的会员注册（免费）
・无论是从电脑、还是 iPhone 及 Android 的智能手机上，音声都能重放。
・音声可以多次下载・重放。
・有关下载的咨询网站：info@febe.jp（受理时间：平时 10 点～ 20 点）